斯坦福 社会创新评论

10

Stanford SOCIAL INNOVATION Review

《斯坦福社会创新评论》中文版编辑部 / 著

李凡 等 / 译

中信出版集团 | 北京

图书在版编目（CIP）数据

斯坦福社会创新评论.10 / 《斯坦福社会创新评论》中文版编辑部著；李凡等译. -- 北京：中信出版社，2020.11

书名原文：Stanford Social Innovation Review

ISBN 978-7-5217-2191-1

Ⅰ. ①斯… Ⅱ. ①斯… ②李… Ⅲ. ①企业创新－研究 Ⅳ. ①F273.1

中国版本图书馆CIP数据核字(2020)第167678号

斯坦福社会创新评论 10

著　　者：《斯坦福社会创新评论》中文版编辑部
译　　者：李凡　等
出版发行：中信出版集团股份有限公司
（北京市朝阳区惠新东街甲4号富盛大厦2座　邮编　100029）
承 印 者：中国电影出版社印刷厂

开　　本：787mm × 1092mm　1/16　　印　　张：11　　字　　数：135千字
版　　次：2020年11月第1版　　印　　次：2020年11月第1次印刷
书　　号：ISBN 978-7-5217-2191-1
定　　价：49.00元

《斯坦福社会创新评论》英文版编辑部

《斯坦福社会创新评论》英文版学术顾问委员会

《斯坦福社会创新评论》英文版指导和激励来自世界各地的社会各个部门（非营利组织、企业和政府）的数百万社会变革领袖。通过在线研讨会、会议、杂志、在线文章、播客等，《斯坦福社会创新评论》探讨涉及各类主题的研究、理论和实践，包括人权、影响力投资和非营利组织的商业模式。《斯坦福社会创新评论》由斯坦福大学 PACS 中心出版。

关于斯坦福大学 PACS 中心

《斯坦福社会创新评论》中文版出版方：北京乐平公益基金会

关于北京乐平公益基金会

北京乐平公益基金会（以下简称“乐平”）致力于构建一个包容发展的社会，为真切关心社会发展的人提供解决社会问题的生态环境。乐平将自己定位为社会创新的触媒和社会创新市场的构建者。通过以影响力为导向的综合性投资，乐平支持具有高成长性的新生代社会企业快速发展，并催化具有规模化潜力的社会创新方法，最终产出规模化的社会影响力。通过一系列知识与思想产品，乐平为社会创新构建人才市场和思想市场，基于跨界多元的社群培育一个有利于社会企业家生长的社会创新环境，促进更多社会企业的规模化发展。

扫码入群，有机会获赠下一期《斯坦福社会创新评论》

《斯坦福社会创新评论》中文版学术合作机构:
清华大学中国社会创新与现当代史研究中心

清华大学中国社会创新与现当代史研究中心成立于 2016 年,是清华大学以中国社会创新发展及现当代史、教育为主要研究对象的跨院系研究教育机构,由清华大学人文学院和北京乐平公益基金会作为发起单位共同设立。中心的宗旨是促进中国现当代史,特别是改革开放以来历史的学术研究,以及创新思维和方法在社会发展中的应用,从而为推动社会发展与社会变革提供理论和实践依据。

《斯坦福社会创新评论》中文版出版手记

这个世界会好吗?

20世纪90年代以来，随着历史终结论的轻易被击穿和全球化的席卷，文明冲突、贫富差距、环境挑战、技术变革，似乎在信息时代各种矛盾更加突出。中国在这样的背景下成长为世界第二大经济体，也就面临国内、国际的双重挑战。机会和出路在哪里?

回答这个问题的可以是一种判断和理由，更可以是一种信仰和行动。

2004年，《如何改变世界》出版，作者戴维·伯恩斯坦在书中记录了几十位社会创新变革者（他称为“社会企业家”）的工作。这本书很快在包括中国在内的全球二十多个国家翻译出版。这本书为什么如此风行?因为有关社会企业家的工作，我们听说的不多。新闻往往聚焦于问题，而不是解决的方法，尤其是具备巨大勇气开始前期探索的那些人。人们集中看到一批创新的社会问题解决者：他们不漠然，不自设桎梏，相信所处社群的潜力，有不懈的努力和不断生长的创造力；他们创造了面对低收入人群的小额贷款服务并成功规模化，使世界级设计学院的发展方向变为服务所有人群，促健康生态农业扎根全球并形成公平贸易网络，发起了“共益企业运动”，使得全球的企业家和投资人重新思考怎样才是“好公司”……当一批这样的社会企业家群像和他们的成就集中展现的时候，世界看到了信仰和行动的力量与新的出路。

2003年，《斯坦福社会创新评论》在斯坦福大学开始出版。所谓“聚精微，成浩瀚”，如同《哈佛商业评论》在商业创新中对一线企业领导者战略思维与创新能力的巨大激发一样，《斯坦福社会创新评论》在过去十五年卓有成效地推动了一线社会企业家的思想与行动领导力的发展。社会创新领域大部分的重要实践真知与概念，譬如设计思维、集合影响力、规模化路径等都在《斯坦福社会创新评论》中首次或总结性提出。可以说，这是社会创新领域先行者的知识宝库。历经四十年的改革开放，中国不仅在经济发展上取得举世瞩目的成就，更积累了可观的社会发展潜力。以促进社会和谐与创新为主要使命的各类基金会已达7000余家，以慈善法颁布为标志，慈善信托等新的社会创新资源正源源进入。同时，共益企业等跨界创新力量正萌芽蓄势，新一代社会企业家将和他们的社群支持者共同成为应对各类社会问题挑战的创新先行者。在新形势下，如何高效引进与创造社会创新知识，为新一代社会企业家提供知识资源和分享经验也成为当务之急。

乐平基金会始终致力于通过知识创新、人才与资本市场创新推动社会创新，建设包容发展的社会。2017年，在多年成功投资、培育中国本土的社会企业和社会企业家的基础上，我们成立了“乐见工作室”，旨在通过研究出版和社交媒体等方面的投入，能更好地把全球社会创新领域的新进展介绍到中国，协助构建中国社会创新的知识体系和跨界创新社群。乐平基金会与《斯坦福社会创新评论》的出版合作是其中的重头，从2017年春季刊开始，乐平基金会作为《斯坦福社会创新评论》中文版的出版人，不仅将逐步每季同步出版，同时还将在未来三年出版“斯坦福社会创新评论”精选集系列。我们的中文版不仅有原文译介，更会逐步培养中文作者，更好地与中国的社会创新共同成长。

乐见工作室的出版工程，是一个开放创造的形态，我们只是适逢其会，先行一步。要真正做好这项知识创造与分享工作，更需社会创新领域内外的各位贤达新锐不吝赐教，共同探索前行。期待年年共同有长足进步。

这个世界会好的。

北京乐平公益基金会首席执行官／秘书长

沈东曙

2017年7月于北京朝阳公园

目 录
Contents

Kiva 在诞生之初，是一个广受欢迎的 P2P 众筹平台，专门服务于那些无法获得金融服务的人。然而，当它的模式受到严重质疑时，Kiva 决定大胆尝试一系列超越传统贷款模式的新举措。它能否不忘初心地成功转型？

专题文章

美国慈善在漫长的历程里形成了许多“历史悠久”的刻板印象，不太熟悉美国慈善背景的读者也许对此很少耳闻，但这却是美国公众忽视了不少社会变革新问题的重要原因。刻板印象并非全无依据，因而有着很强的误导性，如果我们想有效行善，显然需要破除刻板印象，对新情况多加研究。

随着全球移民数量的不断扩大，移民的协作和创业者精神已经成为支撑全球商业运作的主旋律。富于创业者精神的移民可以充当跨国经纪人的角色，将国家、经济和资源连接起来，他们有机会搭建一个具有企业家精神的移民社会网络，在全球化经济中发挥强大的力量。

最佳实践

新方法

观点荟萃

研究速览

新书架

中文版 10 期导言

后疫情时代，在混沌中重塑未来

14 世纪 40 年代，一场起源于喜马拉雅山区的鼠疫席卷了整个欧洲，夺走了 2500 万欧洲人的生命。被称为“黑死病”的这场灾难动摇了罗马天主教会在欧洲的支配地位，恐慌造成的歧视同时也使犹太人、穆斯林、乞丐等弱势群体深受其害。可以说，这场灾难改变了整个欧洲的社会结构。今天英语里的“隔离检疫”（quarantine）一词就源自意大利语里的“40 天”。当时为了防止鼠疫传入，所有停泊意大利港口的船只需要在港口外水域隔离 40 天。

2020 年，世界被小小的新冠病毒搅得天翻地覆。截至 2020 年 6 月，全球已有约 215 个国家和地区出现确诊病例，约 40 万人因此丧生。隔离封锁、严防死守，面对未知的病毒，21 世纪的人类仍然在沿用着 600 多年前的无奈之举。然而，全球化带来的人口流动让彻底的隔离成为不可能。正如本期中文文章《向死而生：新冠病毒倒逼社会创新》所指出的，新冠病毒的出现是对今日人与自然关系的一种整体性的、无差别的冲击，被病毒漠视的国家、民族、阶级、文化和社会身份，恰是构成当代人类社会的基础性要素。只有当全球社会将应对新冠病毒挑战列为最优先级的时候，这一切才能促使人类社会做出与以往不同的更多反思。新的观念之门已然打开。穿过这扇人心之门，影壁上赫然刻着一个字：变！

如何改变？本期汇集了一些围绕为何思变、如何创变的方法论和实践探索。《应对复杂公共问题的“新思路”》一文从美国的经验出发，针对公共政策的出台总是落后于社会问题的扩散，提出了四条应对之道。这些思路背后的一个主要观点就是，采用传统的政策制定流程先界定各个政府部门的职责，再通过行政手段或者法律法规来付诸实施的方式已经不适应时代的需求。今天，包括政府官员在内的社会创新者正在选择绕开这一缓慢低效的过程，尝试通过数据驱动、测试试验、集合影响力等多种工具和方法论的综合应用，来为目标人群提供直接的服务方案，解决紧迫的社会问题。文中的新思路分开看未必特别新，但结合在一起反映了一股更大的时代潮流。正如作者在文中所言，解决公共问题最重要的原则是联合每一个有志者，来为大众谋福祉。而作为其核心价值观的“以人为本”是对将人视为问题的一种对抗。

本期专题文章《侨民：潜在的“移动创新者”》将目光投向了全球化背景下的一支创变生力军：侨居海外的创业者们。本文的两位作者在对来自埃及、埃塞俄比亚等国的侨民长达15年追踪研究的基础上，深入分析了侨民和他们的后代通过连接母国与居住国之间的人、资源与机构，在既有权力结构的边缘实现创新的“中间优势”。富有创业精神的侨民作为跨国经纪人在体制改革、促进商业发展方面的潜力为母国政府提供了机会，正在成为实现社会效益和经济效益双重目标的有力推动者。

为全球的思变、创变潮推波助澜的另一股重要力量是以流媒体市场为代表的影像传媒。由斯科尔基金会［创办人斯科尔是eBay（易贝）的首任总裁］投资成立的参与者传媒公司通过视觉叙事来聚焦社会议题，推动社会公正的实现，其推出的《罗马》《绿皮书》等影片不仅获奖连连，而且成功地唤起了公众对包括家政工权益、性别平等社会话题的关注。《电影的力量》一文详细介绍了这家将精品电影、电视制作与社会倡导运动巧妙结合的社会企业。

全球战“疫”仍在继续。虽然最糟糕的时刻似乎已经过去，但是疫情的影响已经远远超越了公共健康领域。联合国警告，疫情引发的经济封锁加剧了2019年以来的粮食危机，全球将有2.5亿人遭受饥饿威胁。新冠病毒勾勒出了一个大写的“人类命运共同体”，世界各国都面临一场由此带来的长远和深刻的改变。法国经济学家雅克·阿塔利指出，后疫情时代需要更多合作，唯有利他才是最合理的利己，而未来可持续发展的关键将是那些与人类生存与繁盛息息相关的“生命经济”，比如教育、信息科技、交通、食品、文化艺术。

如何转危为机？我们今天的反思、知识积累和具体行动不仅是克服眼前困难的权宜之计，更是为了在下一次风暴来临之前做好准备，让未来的社区、城市、星球更有韧性。

PLUNKERT

应对复杂公共问题的“新思路”①

作者：塔拉·道森·麦克吉尼斯
（Tara Dawson McGuinness）
安妮–玛丽·斯劳特
（Anne-Marie Slaughter）
插图作者：大卫·普朗克尔特
（David Plunkert）
译者：黄伟鸿

在20世纪的大部分时间里，“解决公共问题”就等同于政策制定，即弄清楚政府应该做什么，以及如何通过行政命令或法律法规来实现目标。政策制定的机构和机制是在与今天完全不同的时代、针对不同的时代诉求所建立的，那是一个公民较少、信息传播速度较慢、数据容量远小于今天的时代。今天，一群创新者正试图通过了解当事人的实际需求，测试、改进和推广可能业已存在的解决方案来促进公共利益。本文总结了他们所用方法的四个要素。

今天，决策者以及致力于解决社会问题的人都必须扪心自问一个根本问题：这些政策或解决方案是否对旨在帮助或服务的人群发挥作用？令人惊讶的是，答案往往是否定的。

即便是具有广泛影响力的国家政策，也常常无法惠及最需要这些政策的人群。根据美国布鲁金斯学会（Brookings Institution）的统计，在美国，多达七分之一有资格申请大学助学金的学生并没有去填报相应的联邦申请表。2015年的统计数据显示，美国农业部补充食品援助计划的900万2～4岁对象儿童中，有一半以上并没有获得应有的免疫

---

① 原文选自 *Stanford Social Innovation Review*, Spring 2019 Issue，原标题为 The New Practice of Public Problem Solving。

接种、营养支持和其他福利。[1] 华盛顿特区以及另外六个州都通过了“探亲假政策”，而加州已经推出这种福利十余年，但仍未惠及大多数符合休假条件的人。

联邦、州和地方各级政府官员正在探索如何更好地将政策与人连接起来，而许多社会活动家、非政府组织和社会企业家则选择绕开政策制定过程，尝试通过提供直接服务方案，解决无家可归、母婴死亡、中小学教育和劳动力发展等公共问题。不仅当地慈善机构试图帮助社区中有需求的人群，非营利组织和政府也正在试验解决实际可见问题的方法。

这些创新代表着一种对现状的集体背离。在20世纪的大部分时间里，“解决公共问题”就等同于政策制定，即弄清楚政府应该做什么，以及如何通过行政命令或法律法规来付诸实施。正如政府学校或公共与国际事务学院（统称为“政策学校”）所教授的那样，公共问题的解决遵循以下顺序：政策研究人员和分析人员对相关理论和实践展开调研，分析收集到的数据，并制订出特定的行动方案；接下来，他们发布方案，在媒体上发起公开讨论，或者在一些情况下对各级政府有权限制定、通过或废除法规，或者改变执行措施的政府官员发起倡议。

然后，这些方案需要通过公共部门自身提供服务或者购买服务，由民间机构得以实施。一项法案通过之后，其对服务对象人群的政策效果往往要多年以后才能显现，然而鲜有反馈途径来检验政策是否已经奏效。

此外，关于政策成果的学术研究通常要在数年或几十年后才能进行，因此无法为改进执行情况提供实时指导。社会企业家希拉里·科塔姆（Hilary Cottam）在其著作《激进援助》（*Radical Help*）中恰如其分地总结了这个过程和背后的问题：

> 公职人员或政府部门的顾问对了解到的需求做出反应，这些需求也许是调查小组得出的结果，或者是上级领导做出的承诺，因此他们决定必须组织一项新的服务或改革……构思巧妙的解决方案碰到了更为复杂、凌乱的现实，在投入了过多资源之后，计划的缺陷才暴露出来，但为时已晚。

这种解决公共问题的方式实在太慢，距离要帮助的目标人群太远，几乎没有机会纠正或改进应对措施。负责政策制定的机构和实施机制是在与今天完全不同的时代、针对不同的时代诉求所建立的，那是一个公民较少、信息传播速度慢、数据容量远小于今天的时代。

许多政策专家都很清楚解决公共问题传统模式的缺陷和难点。柏林赫蒂管理学院（Hertie School of Governance）前院长赫尔默特·安海尔（Helmut Anheier）指出，公共政策学校正在遭遇双重挑战：“一是技术官僚与不断变化的政治环境脱节，二是宽泛的课程设置与学生和雇主的要求不符。”[2] 斯坦福大学学者弗朗西斯·福山（Francis Fukuyama）更是直言不讳地指出：“公共政策教育彻底改革的时机已经成熟。”[3] 而彻底改革的启示在公共部门以外。

政府内外的创新者正在通过结合多种工具的使用，来改变发现和解决问题的方式。为了产生实质影响、根除社会和经济弊病（而不仅仅是管控这些弊病）的迫切需要，他们正在使用前人无法获得的各种新工具、新方法。这一类解决公共问题的新实践包括以下四个共同要素：

- 以人为本：将有需求、有能力的人放在计划和政策的中心（以人为本的设计）。
- 试验先行：小范围尝试，寻找本地解决方案，测试想法和概念，转向模块化外包，在进行全国推广之前先试验效果。
- 数据驱动：利用数据（大数据和小数据）来评估问题、监控进度，并评估哪些方案可行。
- 规模化设计：评估并规划如何扩大影响和规模。

这种新实践的大多数案例都或多或少涵盖了上述元素。虽然这些元素单独看未必特别新，但它们结合在一起形成了可观测的实践，即使该实践的参与者们还未意识到他们的工作反映了一股更大的时代潮流。这一实践还将许多不同类型的公共问题解决者（慈善、公共和民间组织）团结在了一起。

然而，任何实践都无法脱离政治体系。实际上，许多美国左派人士指出，政府在提供纳税人所需和应得的服务方面缺乏资源，因此需要民间组织来填补这一空白。小政府、大社会的意识形态让选民和立法者对成功的政府服务的证据视而不见。而许多右派人士却指出，是政策失败导致了政府服务缩减，并且有大量例子来支持他们的主张。

在一个严重破损的国家政治体系中，单靠解决公共问题的方法论无法锚定国家议程上的基本问题。无论在为有需求的人群设计或提供服务方面取得多大的成功，都无法撼动一些特殊利益集团的政策取向导致扩大而非缩小美国日益增大的贫富差距。而另一方面，行之有效的政策和解决方案有助于减少对地方乃至州政府的不信任，尤其是当公共、私营和民间部门合作解决问题时。解决经济不平等问题的新思维必须能够缩小这一信任鸿沟。因此我们所描述的理念超越了以往关于大政府与小政府的争论，这是一场关于如何解决问题的对话。

以人为本

一直以来，公共问题的解决通常始于政策制定者对于需要解决问题的定义，这一问题随后会被归入一个需要监管的社会领域。各个政府部门正是依照这种逻辑组建起来的：卫生、教育、住房、劳工和环境等。譬如，无家可归被定义为人们无房可住的问题，研究人员、分析人员和立法者将其归结为住房供应不足。但事实上，相关成因是复杂而多样的，包括精神疾病、药物滥用、低薪酬和失业等。

此外，定义和诊断公共问题所需的研究和数据收集，通常在远离实际遇到该问题的人的地方进行。如果不对产生相关数据的人群进行实地调研，数据收集以及经济和统计建模往往会导致研究人员对问题的定义与实际面临问题的人的感知不匹配。

而今天的社会问题解决者们从需要帮助的人开始着手：饥饿者、无家可归者、失业者、没有安全保障的人、受教育程度低的人、病弱者、与社会脱节的人。社区组织和社会活动领袖们一直致力于将这些人的声音纳入调研过程，而技术驱动的方法已经能用前所未有的规模和速度让需要帮助的声音更早地纳入调研过程。

让这些人实时参与进来，提供关于自身需求的直接反馈，这么做通常会为理解社会问题的成因提供新的认知。例如，许多农村居民因为缺乏公共或私人交通工具而无法到免费诊所就医。然而，解决交通问题超出了大多数卫生官员和卫生部门的工作和能力范围。

这种对以人为本设计的重视来自公益领域的技术专家在政府和民间组织中越来越高的参与度。在政策制定过程中关注目标人群，类似于在软件设计过程中关注“用户”。“用户体验”（user experience，简称UX）的实践一直是英国政府和美国政府的数字服务计划、美国代码（Code for America）以及新美国（New America）的公共利益技术项目的核心。事实上，英国政府数字服务计划的创始人迈克 · 布莱肯（Mike Bracken）曾经对政策制定的新旧流程做过对比，旧流程为“政策、流程、系统、用户、停滞”，而新的流程是“用户、服务（再）设计、系统开发、政策检查、反馈”。[4] 这是对解决公共问题新实践的另一种阐述方式。

对用户的需求和服务体验的持续关注让用户可以进入对服务提供反馈的过程中，而以往他们对此是没有发言权的。对于非营利组织的领导者来说，这搭建了一个回顾他们的规则、形式和理论的平台。例如，美国退伍军人事务部（US Department of Veterans Affairs）前首席技术官玛丽娜 · 尼茨（Marina Nitze）召集全体员工，请退伍军人当众演示，在没有高速互联网的电脑上访问该部门62个福利项目。这个实验清楚地揭示，问题不仅在于互联网速度（电话和邮件应用程序的体验也很糟糕）或那62个网站，还在于申请福利补贴的整个过程古板而繁杂。

这一以人为本的实践也正在地方社区展开。由社区解决方案组织（Community Solutions）推出的“一个也不能少”（Built for Zero）是一项旨在解决无家可归者问题的项目。该项目将主要利益相关者聚在一起，建立一个明确、共享的社区无家可归退伍军人名单，以作为满足他们需求的第一步。该项目帮助各类组织通过开放的仪表板与利益相关者共享实时数据，从而将无家可归者以及他们的需求作为援助过程的中心。援助的过程中，每一个被服务的人都有名字，而不是一个统计数字。

伊利诺伊州罗克福德的无家可归问题工作者安吉·沃克（Angie Walker）解释道：“你要弄清楚对目标人群来说什么才是重要的。是能收看喜欢的电视节目，还是帮他们给家人打电话？所有这些信息都会被纳入受助清单。让服务更具个性化，这是件意义非凡的事。”[5]

让服务变得个性化正在产生成效。在不到4年的时间里，该项目已帮助美国9个社区根除了退伍军人无家可归的现象，目前正在帮助另外36个社区减少无家可归者人数，并整理出了一套方法来实现彻底消除无家可归现象这一大胆的目标。

“一个也不能少”项目的核心方法是将持续的质量改进与社区中无家可归者的名单结合起来，以推动服务性组织、非营利组织和政府采取共同行动。有了共同的目标，利益相关者可使用这份共享名单来协调众多机构和非营利组织的工作。他们致力于逐个击破，逐步缩减待助名单。通过将目标人群置于援助工作的中心，并使用数据来监控项目进展，该项目正自下而上地将问题化大为小，这与以往自上而下的管理方式形成鲜明对比。

以人为本的设计本身也在经历演变。行为科学家们正在挑战一个传统观念——人们总是知道自己想要什么，或想要对自己有好处的东西。他们为此提出了更严谨的方法来找出什么是真正行之有效的。[6]让设计政府表格的人试着自己填写这些表格，这类做法虽然也是有益的，但归根结底，如果为人民服务是解决复杂社会问题的关键，那么服务对象也必须参与到整个过程中。[7]

从本质上说，以人为本的实践是对将人视为问题的一种对抗。人们可以被帮助、被投资、被连接、被教育、被赋权和被关怀，但不能被“纠正”或“解决”。

试验先行

学者的研究成果通常建立在对历代沉淀下来的思想和知识进行研究的基础之上。类似地，政策专家通过收集数据，来勾画出特定问题的全貌。他们运用相关理论、模型和概念框架来开发潜在的解决方案，然后通过民意调查（有时通过小型试点项目）对其进行测试。然而，对于新一代的思想者和创造者来说，在创造解决方案之前，首先要做的是搜寻解决方案。他们需要仔细研究本地问题解决者在全国或世界各地所开发的方法，以此为出发点进行结构化试验。

斯科尔基金会（Skoll Foundation）和彭博慈善基金会（Bloomberg Philanthropies）是慈善家推动公共问题解决的绝佳范例。斯科尔基金会每年都投入大量时间和精力来评定斯科尔奖的获奖者，即“其创新已经对世界上一些最紧迫的问题产生了重大的、经证实的影响”的社会企业家。[8] 经过严格评审后，该基金会每年会向全球少数社会企业家颁发斯科尔奖，以加快相关解决方案的大规模采用。What Works Cities 是彭博慈善基金会资助的一个项目，旨在帮助 100 个城市利用大数据有效应对紧迫的挑战。各个城市着手解决自身问题并确定解决方案和流程，然后在网络上分享结果，互相学习彼此的经验。[9]

学者或政策专家们可能会宣称他们按自己的方式做探索。所谓研究，除了通过资料分析和实地搜寻信息两个途径，然后把信息带回去进行提炼和分析之外，还能是什么呢?答案在于空间和时间的压缩。传统的研究假定研究者与研究对象之间存在时空距离，“象牙塔”的概念由此应运而生。它假设我们还活在 20 世纪的世界，在这样的世界里，可以通过采取一项政策或颁布一项法律法规来获得解决方案，效果可持续一二十年。解决公共问题的新实践则在解决方案出现时就及时提出，将研究人员和实践者连接成一个实时信息的循环，让问题解决者可以持续宣传、接收、优化和调整解决方案。

这种更积极的探索可直接与目标人群，而不是问题连接起来，当地的问题解决者可以直接与社区中需要帮助的人合作。探索者们与目标人群并肩而行，不将他们视为数据来源，而是把他们看作行动者，可以在一个共同体里与其他行动者携手共进。

虽然硅谷的经验并不总能移植到公共部门，但寻找创意、创造最低限度可行产品、不断迭代改进的技术套路至少可直接适用于某些公共问题的解决上。例如，技术创新专家安美昌（Ann Mei Chang）已经基于埃里克 · 莱斯（Eric Ries）的“精益创业”（lean startup）框架，构建了一整套提高影响力的方法，其中包含本文探讨的诸多要素。[10] 公共部门和非营利部门经常通过一大笔赠款或政策发布来制订和实施解决方案，几乎不留回旋余地来测试相关方案对目标人群的效果，而且疏于纠正行动。更为难得和少见的是从别人的试验（不管成功还是失败）中吸取教训。

有许多在大规模推广之前，先小范围测试和试验的公共问题解决者的例子。在德国，新责任基金会（Stiftung Neue Verantwortung）正在开创一种叫“协作式政策制定”的新方法。它召集了一群利益相关者参加一系列密集的会议，以测试和完善可选技术政策方案的政治和实际可行性。[11] 这一方法试图创造的“成果”是一项联邦政策，但在制定这项政策之前会针对受此政策影响的各个群体测试不同的备选方案。

还有一个为家政服务人员设计便携式福利平台的试验，也在测试和迭代解决方案。这一努力有望填补当前市场的一个缺口：为个体户和以多种收入来源谋生的人提供福利。尽管关于未来工作和便携式福利的专题讨论会和白皮书比比皆是，但美国家政服务人员联盟（National Domestic Workers Alliance，简称 NDWA）的创新分支 NDWA 实验室一直在寻求通过在线便携式福利平台 Alia，向家政服务人员提供福利并测试服务效果。[12]

Alia 是专为房屋清洁工和他们的雇主打造的。这些清洁工通常为多个客户提供服务，而 Alia 让客户更容易自愿为提供服务人员支付福利供款，每次打扫的供款为 5 美元起。家政人员可使用其所有客户的供款获得各种福利，包括带薪休假、人寿保险、伤残保险以及意外险和大病保险。

美国家政服务人员联盟是一个全国性组织，它委托多名工程师开发了 Alia，这个产品经历了多轮用户测试。这一平台不仅为家政人员和潜在的其他零工一族开创了一个福利模式，而且还可以为地方、州和联邦各级公共部门关于新福利模式的讨论提供参考。

小规模尝试不仅适用于新的政策或项目创新，西雅图市也采用这种方法来改变其为无家可归者提供住房的方式。这座城市面临着严重的住房危机，这促使它重新审视如何将公共资金用于为无家可归者提供庇护所服务。2015 年，当地部门小规模地尝试改变采购方针，在招标时重点关注结果（无家可归的人减少了吗？）而非产出（需要提供多少张床？）。截至 2018 年初，这项试验显示出令人鼓舞的结果：公共服务部现正将更大一部分预算用于这种新式采购。[13]

数据驱动

今天，成功的公共问题解决者的一个特点是，能够使用数据（大数据和小数据）来评估问题，了解哪些措施有效、哪些无效，并在必要时及时改进。非营利组织美国代码的创始人兼执行董事詹妮弗 · 帕尔卡（Jennifer Pahlka）描述了目前公共部门在使用数据方面的不足：

> 这就好比让飞行员进行一次横贯大陆的飞行，而仅在事后对航班的空速、航向和高度进行粗略估算，不是通过仪表板提供不断更新的数据和经测试有效的检查清单，来减少飞行事故和失误。[14]

然而，今天我们已经有办法来纠正这类“盲飞”。解决公共问题的“数据革命”的信号正在越来越频繁地涌现。数十个美国城市通过全美邻里指数伙伴计划（National Neighborhood Indicators Partnership）建立了数据中介，用于分享本地汇总数据的最佳实践方法。联邦政府在 2015 年首次设立了首席数据科学家的职位（尽管现在的特朗普政府拒绝填补这个职位）。[15] 俄克拉何马州塔尔萨市的市长甚至召集了一大批市民来收集统计数据，为该市解决公共问题提供参考。[16]

非营利组织“危机短信热线”（Crisis Text Line）也正在使用元数据来改善服务。危机短信热线成立于 2013 年，拥有一个由训练有素的专业人士组成的全国性网络，他们通过短信向有需要的人提供免费的 24 小时服务。《纽约客》杂志报道：“危机短信热线对 500 万条短信进行量化分析，产生了一个独特的心理健康数据集。该组织发现，晚上 8 点是抑郁症发作高峰期，晚上 11 点是焦虑症发作高峰期，凌晨 4 点是自残高峰期，凌晨 5 点是药物滥用高峰期。”[17]

危机短信热线创始人兼首席执行官南希 · 卢布林（Nancy Lublin）还对智能数据

科学的重要性和局限性进行建模，明确指出数据科学的最佳用途是提高心理咨询的效率。更多关于预测分析的研究工作“可让咨询师较为准确地判定，某个特定地区的短信发送者在特定时间使用特定词语发短信，是否意味着他 / 她在吸冰毒或成为性交易的受害者”。[18]

解决公共问题过程中使用数据的机会是广泛的，但使用的强度和复杂程度各不相同。今天，美国最具变革性的组织都有一种以数据为中心，衡量和重新评估成效的文化。增加价值的不是数据本身，这是因为数据能够加强接受服务的人与提供服务的人之间的反馈回路。譬如：社会服务机构负责人看到在较长一段时间内没有一个人来报名申请免费服务，会促使他们采取行动；在凌晨 4 点值班期间与客户打交道的心理咨询师知道要保持警惕，因为这是自杀的高峰期；等等。

HealthCare.gov 作为美国《平价医疗法案》（*Affordable Care Act*，也称《奥巴马医疗法案》）的一部分，是联邦政府为数百万美国人提供医疗保险和税收抵免的在线门户网站，关于这个网站技术故障的报道比比皆是。转机始于一个简单的解决方案：用数据来监控问题。与政府部门一起修复门户网站的技术专家团队做的第一件事，就是安装一个仪表盘格式的控制板。

监测 HealthCare.gov 的用户行为，例如了解一天、一周、一个月有多少人使用该网站，他们卡在哪些环节、在哪里中断申请流程，或者什么时候离开网站等，对于了解网站的故障原因、确定修复措施的优先顺序至关重要。起初，在包括本文的合著者麦克吉尼斯在内的白宫工作人员急切地去了解 HealthCare.gov 的问题时，他们无从得知消费者正在经历什么，因为医疗保险和医疗补助服务中心的官员将网站建设分割成多个部分，外包给了不同的公司，从而导致他们无法对网站的使用和解析做整体分析。

用数据或控制板格式来查看哪里出故障（或哪些功能运作良好），有助于对政策所服务的人群做出即时响应。《美国数字服务手册》（*US Digital Services Playbook*）强调需要数据来检查可用性：

> 在项目的每一个阶段，我们都应该衡量我们的服务对于用户的效果。这包括衡量系统的运作表现以及人们如何与系统实时交互。我们的团队和机构负责人应仔细观察这些指标，从而及时发现问题并确定应优先修复哪些故障和改进哪些地方。除了监控工具，还应建立反馈机制，让用户可以直接报告问题。[19]

如果没有实时整合数据的工具，那些在21世纪为公益事业而奋斗的组织，在面对世界上最严峻的挑战（从适应气候变化到应对种族歧视）时将会束手无策。

但有一点我们必须保持谨慎。快速测试和使用数据的技术推动了当今许多美国科技巨头的发展，包括亚马逊、谷歌和脸书。与此同时，快速测试和技术变革对信息透明度和个人权利提出了挑战。新美国基金会研究员弗吉尼亚·尤班克斯（Virginia Eubanks）在她的《自动化不平等》（*Automating Inequality*）一书中披露，印第安纳州的服务数据系统故障导致了100多万份医疗保健、食品券和现金福利申请遭拒。她的著作以及危机短信热线等其他组织的工作，表明了数据创新必须搭配相应的保障措施和参与策略，以测试这些创新服务目标人群的效果。

规模化设计

尽管社会创业、平台解决方案和技术变革这些说法都很动听，但要将小型的地方性项目变成大型的全国项目，甚至推广到全球，却是步履维艰。因此，为创新的大规模推广做战略规划和测试，是变革性公共问题解决者需要跨越的最后一道障碍。

小规模试点的节奏更快，更具多样性和适应性，让各种各样的问题解决者得以发挥自己的才能。它还让各类组织得以开枝散叶。与私营部门不同，在社会部门中，效率和生产力与作为公共价值观的公民参与和包容性形成了一股张力。但是，正如咨询公司FSG的董事总经理约翰·卡尼亚（John Kania）和马克·克莱默（Mark Kramer）所写的："鲜有证据表明，在当今复杂而相互依存的世界里，孤立的举措是解决众多社会问题的最佳方式。没有任何一家组织单独对任何重大社会问题负责，也没有任何一家组织能够单独解决这样的问题。"[20]

因此，公共问题解决者面临的核心挑战是如何通过深思熟虑的战略设计，让小范围的试验最终得以大范围推广。试点项目必须转化成政策，而提供解决方案的组织必须在结构化、统一管理的网络、联盟或伙伴关系中与政府及其他组织连接起来。

健康通道（Health Leads）是美国一家全国性健康促进机构。该组织花了20多年时间，专注于改善社会和医疗条件，完善了降低医疗成本和改善医疗效果的成功方法。但直到联邦政府注意到并采纳了健康通道的做法后，它才开始实现规模化。即便如此，医疗保险和医疗补助服务中心只拨款支持了一个试点项目，这个项目还必须进一步扩大规模。[21]

社会部门的最大优势往往是可以尝试一些政策和政治覆盖不到的领域。然而，如果更多的社会企业家和民间组织将解决问题的目标定位为提供让政府采纳的试验解决方案，而不是靠自身来应对规模化的挑战，他们很可能会让政策和政治专家较早地参与解决问题的过程。从一开始就制定出一个让政府采纳或复制的策略，可以确保成功的创新不会在“停滞的断层”（stagnation chasm）中枯萎和消亡。这个概念是由 Tides 首席执行官克里斯 · 戴格梅尔（Kriss Deiglmeier）和顾问阿曼达 · 格雷科（Amanda Greco）所开创的。它是指由于资金不足、生态系统（社会、私营和公共部门之间的协调）过于分散或缺乏人才（规模化和项目落地所需的正确技能和团队）等原因，一个经过测试和验证的试点项目无法大规模推广。[22]

向上和向下的连接对于形成大规模的影响起着关键作用，而与同行组织的横向连接也是如此。英国国家科技艺术基金会（National Endowment for Science, Technology, and the Arts）首席执行官周若刚，与一群合著者一起研究确定了实现规模化的不同路径。《斯坦福社会创新评论》的一篇文章将这些路径总结为“政策倡导、搭建网络、开展项目、特许经营和直接控制”。[23] 奋斗者联盟（StriveTogether）是一个致力于帮助社区构建改善儿童从摇篮到职场的教育成果能力的网络，它已经像“一个也不能少”一样显示出了真正的影响力。[24] 一些同盟、联盟和行动网络确实取得了成功，它们通过联合和引导一个由不同组织和人员组成的共同体，朝着同一目标前进来推动变革。但是在这些共同体中也可以找出许多合作失败的项目，正如一位专家在私下讨论中所说的那样，有很多“修了一半的桥梁”。[25]

总而言之，小规模试点并非万灵药。小型、专注和灵活的组织有时能够激发和推动广泛的变革，但在众多跨私营、公共和社会部门运作的参与者中，我们必须从战略上考虑如何实现大规模影响。战略制定的结果很少会是简单的“扩大规模”，往往需要仔细规划和分析应该出于什么目的、通过哪种结构与哪些人连接，以及由谁负责管理。

展望未来

在美国丹佛、塔尔萨、奥克兰、印第安纳波利斯以及其他数十个城镇，公共问题的解决者们正在评估他们的解决方案是否对所要服务的人群起到了作用，得到的回答是正面的。志愿者们正在学习如何进行更有针对性的干预来减少自杀行为。市政工作人员和市民正在分析数据，以帮助更多的学生申请他们有资格获得的助学金。工程师们在没有任何政府行动的情况下为家政人员建立了一个福利体系。《新地方主义》的作者布鲁斯 · 卡茨（Bruce Katz）和杰里米 · 诺瓦克（Jeremy Nowak）在书中描述了权力正在向那些在各地牵头解决社会问题的组织转移。[26]

那些志愿者、联邦工作人员、市政工作人员、市长和非营利组织工作人员可能还没意识到，他们已成为解决公共问题新实践的先驱。过去几十年来，他们使用的许多工具和方法——以人为本、小规模探索和试验解决方案、不断改进数据的使用、规模化的设计和连接，已经在不同的地方和不同的人群中发展起来。将这些要素整合在一起，定义并总结出最终的方法，来作为解决公共问题的工具包的重要补充，有助于这些先驱者相互认识、相互学习。

这一参与、探索、试验、衡量和规模化的过程与传统的政策制定过程截然相反。先弄清楚人们的实际需求和愿望，然后根据明确的影响力指标来测试可能业已存在，或看起来颇有前景的解决方案。这一做法可以在倡议支持某项法律或进行政策变革之前，减少意想不到的后果以及理论上看似不错但在实践中却失败的想法。通过向上、向下和横向的连接，不同领域的创业者们可以产生大规模影响。

但需要注意的是，这一形式的新实践并非适用于所有公共问题。一定程度的概念验证或测试在几乎每一种情况下都是有用的，但诸如互联网的开放性和安全性、学生贷款是否应该在破产时被免除、汽车和卡车的排放水平、竞选资金法的适用范围等问题，其核心实际上是社会上不同政治和经济利益之间的斗争。

最高法院大法官路易斯 · 布兰戴斯曾说过，美国各州是联邦政府的“实验室”，提供解决方案的孵化器。如今，这类“实验室”无论是在市长办公室还是在街角的咖啡馆都很容易找到。新实践适用于那些更贴近现实、直接关乎人类生存与繁荣的问题。[27]

试想一下，如果公共与国际事务学院都教授这种新实践，社会企业家、有公德心的企业、大学和智库的政策专家以及地方、州和联邦各级政府官员都将自己看作公共问题的解决者，并拥抱这种新实践，在实践过程中不断地调整和改进它，那会产生多大的影响啊！

新实践的特征是谦逊、注重效用和适应性强。实践者们先进行小规模的探索和学习，他们相信经验主义，勇于改变思维。他们看重结果而非意识形态，为所服务的人群调整数据源和设计，并深谙解决之道可以有多种形式：除了法律和政策之外，还包括技术、规范、文化和协作。[28]

此外，我们还可以加上一条：“平等。”新实践将层级分明的决策过程转变为与政府试图服务的人群进行协商和迭代的更为横向的过程。尽管专家的价值仍得到认可，但整个过程让公民更深入地参与其中。这不是一个新的传统，而是一个由现代工具武装的旧传统的新形态。政治哲学家丹尼尔 · 艾伦（Danielle Allen）认为，在“了解自身的处境”和“建立超越任何个人乃至一群封闭的专家所能取得的成就的集体智慧”方面，美国的“国父们”把他们十三个州的同胞看作平等的。[29]

最后，这种新实践立足于对公众的响应。成功与否取决于一项政策或计划的设计是否适合目标人群。一个来自人民、由人民做主、为人民服务的政府，必须以它是否通过直接服务或为社会部门授权和赋能，为尽可能多的人创造福祉来论绩效。解决公共问题的新实践的核心是联合有志于服务的每一个人，来为大众提供服务。

注释

1 US Department of Agriculture, Food and Nutrition Service, “National WIC Eligibility and Coverage Rates by Year and Participant Category,” www.fns.usda.gov/wic/wic-2015-eligibility-and-coverage-rates#Chart1.

2 Helmut K. Anheier, "On the Future of the Public Policy School," www.hertie-school.org/fileadmin/4_Debate/Debate_Photos_Downloads/2018/2018 - 06 - 12_The_future_of_the_public_policy_school/On_the_future_of_the_public_policy_school.pdf.

3 Francis Fukuyama, “What’s Wrong with Public Policy Education,” *The American Interest*, August 1, 2018, www.the-american-interest.com/2018/08/01/whats-wrong-with-public-policy-education/.

4 Mike Bracken, “On Strategy: The Strategy Is Delivery. Again,” *Digital Transformation*, January 6, 2013, https://mikebracken.com/blog/the-strategy-is-delivery-again/.

5 David Bornstein, “A Growing Drive to Get Homelessness to Zero,” *The New York Times*, June 5, 2018.

6 Piyush Tantia, “The New Science of Designing for Humans,” *Stanford Social Innovation Review*, Spring 2017.

7 Sasha Costanza-Chock et al., “#MoreThanCode: Practitioners Reimagine the Landscape of Technology for

Justice and Equity," Research Action Design and the Open Technology Institute, 2018.

8 "Skoll Awards for Entrepreneurship," the Skoll Foundation, http://skoll.org/about/skoll-awards/.

9 "About What Work Cities," Bloomberg Philanthropies, https://whatworkscities.bloomberg.org/about/.

10 Ann Mei Chang, *Lean Impact: How to Innovate for Radically Greater Social Good*, Hoboken, N.J.: Wiley, 2018.

11 Ben Scott, "Collaborative Policy Development: From Think Tank to Civic Enterprise," *New America*, June 16, 2013, https://www.newamerica.org/new-america/policy-papers/collaborative-policy-development/.

12 Miranda Katz, "How an App Could Give Some Gig Workers a Safety Net," *Wired*, July 9, 2018.

13 Rebecca Gale, "Tackling Homelessness in Seattle with Data-Driven Tools," *The Commons*, July 9, 2018.

14 Jennifer Pahlka, "Delivery-Driven Government: Principles and Practices for Government in the Digital Age," *Medium*, May 30, 2018.

15 Megan Smith, "The White House Names Dr. DJ Patil as the First U.S. Chief Data Scientist," Obama White House Archives, https://obamawhitehouse.archives.gov/blog/2015/02/18/white-house-names-dr-dj-patil-first-us-chief-data-scientist.

16 Sarah Holder, "The Data Brigade of Tulsa," *CityLab*, July 2, 2018.

17 Alice Gregory, "R U There?" *The New Yorker*, February 9, 2015.

18 *Ibid.*

19 "Digital Services Playbook: Use Data to Drive Decisions," *U.S. Digital Service*, https://playbook.cio.gov/#play12.

20 John Kania and Mark Kramer, "Collective Impact," *Stanford Social Innovation Review*, Winter 2011.

21 Jim Bildner, "The Urgency to Fund Early-Stage Social Entrepreneurs." *Stanford Social Innovation Review*, Fall 2017.

22 Kriss Deiglmeier and Amanda Greco, "Why Proven Solutions Struggle to Scale Up," *Stanford Social Innovation Review*, Summer 2018.

23 *Ibid.*

24 StriveTogether, "StriveTogether Impact and Community Reports," www.strivetogether.org/impact/.

25 Comment by a participant in the Aspen Philanthropy Roundtable. Aspen Institute, Aspen, CO, July 31, 2018.

26 Bruce Katz and Jeremy Nowak, *The New Localism: How Cities Can Thrive in the Age of Populism*, Washington, D.C.: Brookings Institution Press, 2018.

27 *Ibid.*

28 Lawrence Lessig, *Code: And Other Laws of Cyberspace*, Version 2.0, 2nd ed., New York: Basic Books, 2006.

29 Danielle S. Allen, *Our Declaration: A Reading of the Declaration of Independence in Defense of Equality*, New York: Liveright, 2014.

塔拉·道森·麦克吉尼斯（Tara Dawson McGuinness）

新美国基金会高级研究员，目前在乔治城大学麦考特公共政策学院教授关于解决公共问题的课程。

安妮-玛丽·斯劳特（Anne-Marie Slaughter）

新美国基金会首席执行官，普林斯顿大学伍德罗·威尔逊公共与国际事务学院前院长。

非营利组织的商业化探索①

作者：穆夏 · 贝沙罗夫（Marya Besharov）
让－巴普蒂斯特 · 利特里科（Jean-Baptiste Litrico）
苏珊娜 · 基斯连科（Susanna Kislenko）
插图：亚雷克 · 瓦苏尔（Yarek Waszul）

越来越多的非营利组织希望引入商业化运作模式。谁会是受益者？如何更好地实现其社会使命？

商业和慈善之间的边界变得越来越模糊。许多非营利组织正在考虑如何通过创收来实现社会使命，而不仅仅依靠慈善捐款。[1]

20 世纪八九十年代，政府和捐助者支持的逐渐减少，迫使北美的非营利组织开辟其他途径去筹集资金，探寻商业化的道路。[2] 21 世纪初涌现出一批新型资助者，他们愿意去资助那些不仅带来社会回报，还可以带来经济回报的非营利组织。2010 年之后，连传统的慈善基金会也开始奉行影响力投资策略。[3] 在这样的背景下，非营利组织的领导者逐渐不再排斥商业化，转而将其视作实现和扩展社会使命的有效方式。

然而，对于非营利组织而言，在现有组织模型中融入创收活动并非易事。任何商业化的转变都必须与组织的社会使命统一起来，并发挥组织的核心能力。但事实上，非营利组织往往很难找到与其社会使命一致的商业化途径。不仅如此，商业计划的实施有时

---

① 原文选自 *Stanford Social Innovation Review*, Fall 2019 Issue，原标题为 The Many Roads to Revenue Generation。

会使非营利组织本就有限的资源更加捉襟见肘。此外，非营利组织往往缺乏商业化所需的技能和专长。

非营利组织的领导者们如何能找到切实可行的商业化策略？

我们研究非营利组织和混合型社会企业已逾十年。其间，我们考察了 1200 个向加拿大主要资助机构 ENP（Enterprising Nonprofits）提交资助申请的组织。我们从中提炼了三种整合创收与社会使命的模式[4]：由非营利组织服务对象所主导的客户模式，由员工主导的员工模式，由产品主导的产品模式。为了使非营利组织领导者了解如何更好地迈向商业化，我们创建了一个框架，列举了不同的方案和一套相关的决策标准。这一框架的核心前提是，非营利组织可以通过多种方式整合创收活动与社会使命。领导者应结合组织的使命、资源和能力，选择一种或多种最适合的方法。

分割模式与整合模式之比较

非营利组织往往会错误地开启创收之路：它们会割裂地看待商业活动与社会项目之间的关系。例如，博物馆时常经营礼品店或咖啡馆，许多非营利组织会通过出售带有徽标的商品或服装来创收。这些商业性活动与其社会使命无关，也无须某些资方授权，但的确能给机构带来收入来源。

不过，这种做法无法激发创收活动与社会使命之间的潜在协同作用和互补作用。例如，一个以提高低收入人群的食品安全为使命的非营利组织，可以通过出售二手衣服和捐赠品来筹集资金，提高知名度。但这么做既不能发挥其在食品问题上的专业知识，也不能直接推动实现其核心使命。此外，涉足这类商业活动可能会浪费资源和管理精力，而这些本可用于与社会使命更相关的活动。

与分割的做法相反，最具创新意识的非营利组织正在开发新的模式，试图通过整合创收活动与社会使命，用商业化推动实现社会利益。例如，专注于儿童和家庭福利的非营利组织可能会发起针对自闭症儿童的收费干预计划，向自闭症儿童的家庭提供支持及专家建议。尽管这么做的设计和管理比较复杂，但其优点是，非营利组织通过这一活动既能实现社会使命，又能创收。事实上，最有效的整合方法能够实现社会使命与商业活动之间的协同效应。回到前面的例子，为自闭症儿童家庭提供收费计划的非营利组织可以利用其现有的客户关系，以相对较低的成本获得额外收入，同时向有需要的家庭提供更多实质性支持。这样，就可以实现 1+1>2 的效果。

我们的研究为非营利组织提出了三种不同的整合模式，但这三种模式互相并不排斥。实际上，越来越多的非营利组织开始选择多种模式（请参见第 29 页“整合模式总览”）。非营利组织在确定整合模式时，应该以其社会使命和现有资源与能力为基准。

接下来，我们依次分析这三种模式。

客户模式：服务对象主导

传统慈善机构通常免费为受益群体提供产品或服务。相比之下，客户主导模式涉及向目标人群（客户）出售产品或服务。因此，目标人群不仅仅是受益人，还是非营利组织服务的客户。客户模式通过关注服务对象，将创收与社会使命相结合。由此产生的社

整合模式总览

三种模式以及模式之间的整合各有优点和挑战。

模式	描述	优点	挑战
客户模式（为谁服务）	付费的客户是受益群体	能够有效利用现有的知识及与受益群体的关系	可能需要新的销售、营销及其他方面的能力；为进行商业交易，需转变与受益人的关系
员工模式（雇用对象是谁）	企业的员工是受益群体	通过提供工作经验、技能培训、促进融入社会和培养自信心来帮助受益人	可能对人力和员工支持能力有新的要求，对某些受益群体（如儿童）不可行
产品模式（卖什么）	产品和服务本身能够创造社会价值	解决更大层面的社会需求（如环境可持续性、社区发展）	能在利益相关方之间转化创意、召集力，可在不同时间表中作为桥梁提供服务
模式整合	社会价值是通过客户、员工以及产品和服务共同创造的	创造多种类型的社会价值，可能会促进员工、客户和产品之间的了解和协同效应	设计和管理复杂

会影响往往不是来自产品或服务，而是来自客户群体。

世界教育服务研究中心（WES），是一家总部位于纽约的非营利组织，旨在为北美地区的新移民提供就业咨询服务。新移民在祖国获得的学位很难在美国和加拿大获得认可。为了解决此问题，世界教育服务研究中心以优惠的价格提供学位认证服务。移民会收到一份由两国的国家认证机构签署、被2500多个用人单位认可的学位认证报告。通过实现受益人与客户的统一，世界教育服务中心找到了一种既能满足目标社区需求，又能创收的方法。

客户模式有助于加深对受益人群的了解。以温哥华岛的 Tseshaht 原住民社区组织（Tseshaht First Nation）为例，该组织对当地社区的文化传统和交通基础设施状况非常熟悉。他们发现，原住民青年大多没有驾照。由于当地公共交通系统薄弱，没有驾照会大大限制当地青年的就业前景。年轻人没有驾照的原因在于家里没有汽车，他们的亲戚大都也没有驾照。在意识到驾照问题正成为代际传递的社会问题之后，该组织与当地驾校和原住民培训组织合作，发起了面向原住民青年的驾驶员培训和考证服务。[5]

希望采用客户模式的非营利组织可能会面临一些挑战。首先，非营利组织最初可能没有能力创造和销售满足受益人需求的产品或服务。许多援助发展组织在启动小额信贷项目时就面临着这一挑战。这些组织的负责人往往对他们所服务的贫困社区的健康、教育和经济困难有深入的了解。他们深知，获取小额贷款可以帮助社区成员，尤其是妇女实现经济独立、彻底脱贫。然而，这些组织并不一定具备提供金融服务所需的技术和能力，而且聘用兼具金融和社会工作背景的员工并不容易。例如，非政府组织 Banco Prodem 在玻利维亚的分支机构在雇用和培训员工、开启小额信贷业务时，就发生了严重的内部冲突和人员流失。[6]

其次，客户模式要求非营利组织及其受益人转变观念，因为要在过去非商业交易的关系中加入商业成分。如何说服受益人为新产品或服务付费？产品和服务与过去的差异性越大，就越容易克服这一挑战。与此同时，如果商业产品与现有服务的关联太小，即使受众相同，也不利于非营利组织实现协同效应。

再次，对于某些社会组织而言，客户模式并不可行，比如服务儿童的组织。除非服务对象转变为父母和看护者。同样无法使用该模式的还包括应对广泛社会问题（例如环境可持续性）的组织，它们没有特定的服务人群。

最后，非营利组织在考虑客户模式时，需要对所涉及的关联性和财务性因素深思熟虑。非营利组织的资助方和受益人都会担心社会使命的漂移，因为商业交易可能会导致非营利组织忽视受益人最重要的需求。[7] 因此，采用客户模式的组织需要特别谨慎地选择商业活动，不仅是为了创收，更重要的是为了满足现有受益群体的刚需。否则，非营利组织不仅会失去传统资方的财政支持，还会失去受益人的信任。另一方面，客户模式可能帮助非营利组织获得新的资金来源（例如社会影响力债券或影响力投资），这些新的资金来源通常鼓励，甚至要求非营利组织在实现社会回报的同时实现财务回报。

员工模式：雇用对象主导

在员工模式中，非营利组织通过其雇用的对象，来实现创收与社会使命的整合。这一模式的受益人是向客户提供商品或服务的员工。采用这种模式的非营利组织通常被称为“劳务型社会企业”（work-integration social enterprises，简称 WISEs），因为它们向受益人提供工作经验、技能开发、培训和社会适应性等方面的支持，来帮助受益人融入劳动力市场。员工模式尤其适用于由于受益人的特殊需求或困难，而无法被传统雇主雇用的人群。

例如，数字鸿沟数据组织（Digital Divide Data，简称 DDD）成立于 2001 年，其使命是帮助东南亚的贫困人口摆脱贫困，朝着更好的经济前景发展。该组织认识到，其帮扶对象由于受教育程度和技能水平低而难以找到高薪工作。DDD 创办了一项非营利性 IT（信息技术）外包业务，提供 IT 领域的入门级工作，以及广泛的培训和奖学金、贷款等教育支持。完成入门级计划的帮扶对象可以在 DDD 或其他组织中获得薪水更高的工作。如今，该组织毕业生的收入是当地同龄人收入的近八倍，他们也树立了信心并学到了其他技能，这十分有助于他们获得幸福和实现经济独立。[8]

员工模式可以显著增强非营利组织的社会影响力。DDD 的经验表明，劳务型社会企业的受益人不仅可以从就业中获得收入，还可以提高未来的就业竞争力，增强自信心和自我效能感。此外，他们的家庭和社区也能受益。这种模式还可以增强非营利组织履行其使命的能力。该类社会企业中来自目标人群的员工会对受益人的需求有更深入的了解，与受益群体建立牢固的关系，从而帮助组织更好地连接并服务于这一群体。最后，将受益人纳入组织的员工队伍可以增强现有员工的工作积极性和存在价值。

西北中心（Northwest Center）是一家为残障人士服务的美国非营利组织。长期以来，西北中心的部分资金来源于生产制造和服务。为了实现多元化社群的社会和经济融合，西北中心大大增加了对残障人士的雇用。这一转变不仅为这类雇员带来了收入和社会经济福祉方面的实质性好处，也使他们的同事发生了转变：大家不仅对工作能力有了更全面的理解，还从工作中找寻到了更大的意义。此外，由于负责人重新设计了工作流程，从而让不同身体状况的员工发挥其独特才能，该组织的工作质量和生产率也得到了显著提高。

像其他整合方法一样，员工模式也面临挑战。首先，对于习惯向受益人提供服务的非营利组织来说，将受益人纳入劳动力队伍可能需要角色和观念的转变。非营利组织的负责人不仅要将受益者视为需要帮助的个体，还必须将他们视作对组织有价值的贡献者。

在将目标人群转化为劳动力的过程中，需要在培训和加强社会适应性方面注入大量资源，这会造成短期内人员流失和人员流动加剧。DDD 也曾遇到类似挑战，该组织在柬埔寨的目标人群，特别是从性交易贩卖中获救的妇女，不仅需要英语和计算机技能培训，还需要广泛的社会和情感支持。

考虑引入员工模式的非营利组织领导者必须了解目标受益人群的需求，并设计相应的培训和支持计划。为了进一步开展这些工作，世界各地许多国家政府向劳务型社会企业提供补贴。例如：在德国，有四分之三的劳务型社会企业获得了大量政府资金的支持；在爱尔兰，近一半的同类社会企业有 75%的资金来自各级政府；在日本，政府向雇用和培训残障人士的社会企业提供了超过一半的运作资金。[9]

产品模式：产品主导

第三种模式着重通过将产品或服务变现，来实现创收与提升社会影响力的整合。在产品模式下，其社会效益主要存在于产品或服务中，而不在于购买产品和服务的客户与受益人，也不在于提供产品或服务的员工。例如向农民出售有机幼苗、建筑材料回收利用的项目，其主要的社会效益来自产品本身。同样，类似集中和销售当地有机食品的区域农产品中心，其社会效益来自服务的提供，而这些服务支持了当地环境的可持续性、健康饮食和区域的经济发展。我们的研究表明，产品模式在试图引入商业活动的非营利组织中日渐普及。实际上，自我们进行研究的 13 年以来，在向 ENP 提交申请的非营利组织中，产品模式提出的频率是上述三种模式中最高的。

这一模式的主要优点是，其产生的社会影响不仅限于一个特定的受益人群体。因此，产品主导模式非常适合类似环境可持续性、社区发展等旨在实现更广泛社会需求的非营利组织。例如，一家致力于环境可持续性和社区发展的组织，向住宅和商业客户推出了垃圾减量和堆肥服务。通过集中管理有机废物的回收，以及有机堆肥的加工和销售，这项商业服务不仅有效减少了垃圾、增加堆肥的使用价值，还向其他地区的组织和居民介绍了有机农业和可持续性，因而具有广泛的教育意义。

尽管产品主导模式看起来简单易行，但仍然面临着若干挑战，诸如难以识别特定受益群体、难以衡量社会影响。例如，就农产品中心而言，它的社会影响包括支持了一部分当地农民的生计，并同时帮助一部分消费者获得新鲜农产品。但这种模式还是会存在一些难以具体衡量的环境和公共卫生效益。社会效益难以衡量可能会导致一些资方因为担心无法帮助到特定目标人群，而不太愿意支持该类非营利组织。因此，采用该模式的非营利组织必须与各种不同的资助者合作，既要与支持解决广泛社会问题的资方合作，又要与关注特定人群的资方合作。

整合多种模式

许多非营利组织会从上述三种模式中择一实现创收与社会使命的整合，而有些非营利组织则会整合多种模式。我们的研究表明，模式整合正在变得越来越普遍。家具银行（Furniture Bank）是一家总部位于多伦多的社会企业，它为新移民、家暴受害者以及无家可归的人免费提供家具。通过象征性地收取废家具的回收费用，家具银行扩大了这项商业服务的受众范围，并使废家具重获新生（产品模式）。同时，家具银行雇用帮困对象，来接收和翻新家具（员工模式），进一步扩大了其社会影响力。[10]

还有一些组织整合了所有以上三种模式。例如，由加拿大曼尼托巴原住民社区所有和经营的 Aki 能源公司（Aki Energy Inc.），为该地区住宅和民用设施安装可再生能源系统，提高能效。Aki 能源公司雇用和培训当地工人掌握最新技术，为目标受益群体提供了就业机会（员工模式）；该公司还出售可持续的解决方案（产品模式），进一步扩大了服务范围（客户模式）。

整合一种以上的模式会带来不同活动领域之间的协同效应。例如：雇用帮困对象有助于了解受益者所代表的人群，更利于向该人群出售产品或服务；销售具有内在社会效益的产品或服务有助于吸引新的客户群，从而扩大该组织的受益人群。这样一来，模式整合可以确保创收与实现社会效益相辅相成。然而，由于需要同时兼顾组织模式变化的多个维度，这种方法对管理水平要求更高。

找到适合的模式

从纯粹的非营利模式转变为混合型模式，这一决定并不容易。它不仅需要重大的观念转变，还可能引起短期内的成本增加。但是，引入商业活动并不需要对组织进行彻底的改革。从长远来看，非营利组织的社会影响力和财务生存能力都会增强。为了选择最佳的发展道路，非营利组织的领导者应权衡各模式的优势和挑战，并评估每个模式对组织使命、资源和能力的适合程度（请参阅第 36 页“非营利组织领导者和资方需要考虑的关键问题”）。

非营利组织领导者和资方需要考虑的关键问题

以下问题既可以用于帮助非营利组织的领导者决策适用哪种模式，也可以用于与资方的合作中。资方是非营利组织实现慈善与商业化融合的有力支持者。

在考虑客户模式时，思考以下问题：

- 现有的受益群体能否转变为客户？如果可以的话，怎样转变？
- 除了目前的免费服务与产品，组织还能向受益群体提供哪些收费服务与产品？
- 组织可以为转型提供多少专业技术支持？
- 将现有的受益群体转变为客户，会对组织实现使命产生什么影响？

在考虑员工模式时，思考以下问题：

- 哪些技能对受益者最有益？
- 组织能为这些技能的培训提供什么？
- 在组织的现有关系网络中，有没有合作伙伴能够为培训提供支持？

在考虑产品模式时，思考以下问题：

- 组织是否已经在提供可向公众出售的产品或服务？
- 组织能否凭借现有资源开发新的产品或服务？
- 如果不能的话，还需要什么资源？

转向创收模式的一个主要风险是对现有收入来源的损害，这包括个人捐赠、基金会和政府补助，甚至是来自企业的资助。另一个挑战是法律框架问题，因为许多国家都制定了很多法规来限定非营利组织可以从事的商业活动。例如，在加拿大，加拿大税务局（Canadian Revenue Agency，简称CRA）规定，非营利组织只能开展与“相关业务”有关的创收活动。家具银行的家具接收服务符合此标准，因为该组织已经在从事家具捐赠与分发服务。但是，开展与“相关业务”关联不大的创收活动，例如餐饮服务，将威胁该组织的非营利地位。为了解决这些问题并保留现有的资助来源，一些组织可能需要签订混合合同，由营利性法律实体管理创收活动，由现有的非营利性实体管理慈善活动。[11]另外一些组织可以考虑选择新的混合型法人结构，比如，美国的共益企业（benefit corporation）和英国的社区利益企业（community interest corporation）都采用了营利性组织形式与依法兑现特定社会使命相结合的模式。但是，在大部分情况下，非营利组织可以通过将受益人作为客户或雇为员工，或生产具有社会价值的产品，将创收活动纳入其现有的法人架构中。

另外一个需要考虑的因素是引入商业活动所获得的收入是否可以抵消额外产生的费用。在某些情况下，提供服务或产品、雇用受益人的成本很高，因此领导者需要评估创收所需的资源和能力。此外，非营利组织还有可能需要购买或租赁有形资产。采用员工模式的组织可能需要雇用新的培训人员，来将受益人纳入劳动力队伍。

最后，非营利组织需要考虑是否具备综上所需的领导力，来支持组织平稳过渡到创收模式。领导者必须以开放的态度、全新的视角去看待组织的受益者及其现有的产品和服务。领导者必须确保在引入商业活动的同时，不和与其社会使命紧密连接的员工、志愿者和支持者脱节。

鉴于转变观念所要面临的巨大挑战，雇用外部领导者来简化过渡环节有时可能是最好的选择。这种方法的优点是，领导者未在该组织中工作过，不会留恋原有的模式，能带来崭新的视角。但另一方面，新领导者必须要在挑战现有模式的同时，赢得员工的尊重和信任，而员工们可能已经深深习惯于原有的模式。

总体而言，对于愿意引入商业模式的非营利组织来说，创收活动会使收入来源多样化，同时增强社会影响力。非营利组织可以从收入增加和财务稳定中获益，同时找到新方法来实现其主要目标，为他们所服务的社区带来更大的社会影响力。通过实现社会使命与创收的整合，非营利组织可以进一步受益于两者之间潜在的协同效应。

注释

1 See Julie Battilana, Matthew Lee, John Walker, and Cheryl Dorsey, "In Search of the Hybrid Ideal," *Stanford Social Innovation Review*, Summer 2012.

2 The decline in governmental support for nonprofits is described in J.J. McMurtry and François Brouard, "Social Enterprises in Canada: An Introduction," and in Peter R. Elson, Peter Hall, Sarah Leeson-Klym, Darcy Penner, and Jill Andres, "Social Enterprises in the Canadian West," *Canadian Journal of Nonprofit and Social Economy Research*, vol. 6, no. 1, 2015.

3 See Matt Onek, "Philanthropic Pioneers: Foundations and the Rise of Impact Investing," *Stanford Social Innovation Review*, January 17, 2017; Jean Case, "Bringing the Last Decade of Impact Investing to Life: An Interactive Timeline," The Case Foundation, November 17, 2017.

4 Our framework is based on the analysis of grant applications submitted to Enterprising Nonprofits (ENP), a major Canadian grantmaking body that supports the development of revenue-generating "social enterprise" activities within nonprofit organizations. We reviewed all applications submitted between 2000 and 2013, for a total of nearly 1,200 applications. Our analysis focused on the narrative portions of the applications where organizations detailed the proposed commercial activities and their connection to existing operations. We looked for patterns in how organizations planned to combine revenue generation with their social mission, ultimately inducing the three models described in this article. We also examined variation in the prevalence of these models over time across different types of nonprofits (i.e., community benefit, education, welfare, health, religion). See Jean-Baptiste Litrico and Marya L. Besharov, "Unpacking Variation in Hybrid Organizational Forms: Changing Models of Social Enterprise among Nonprofits, 2000-2013," *Journal of Business Ethics*, 2018.

5 Indigenous Corporate Training, "Barriers to Aboriginal Employment – High Beam on Drivers' Licenses," November 19, 2013.

6 See Julie Battilana and Silvia Dorado, "Building Sustainable Hybrid Organizations: The Case of Commercial Microfinance Organizations," *Academy of Management Journal*, vol. 53, 2010.

7 Matthew Grimes, Trenton A. Williams, and Eric Yanfei Zhao, "Anchors Aweigh: The Sources, Variety, and Challenges of Mission Drift," *Academy of Management Review*, 2018. Tommaso Ramus and Antonino Vaccaro, "Stakeholders Matter: How Social Enterprises Address Mission Drift," Journal of Business Ethics, vol. 143, no. 2, 2017. Marshall B. Jones, "The Multiple Sources of Mission Drift," *Nonprofit and Voluntary Sector Quarterly*, vol. 36, no. 2, 2007.

8 Wendy K. Smith and Marya L. Besharov, "Bowing before Dual Gods: How Structured Flexibility Sustains Organizational Hybridity," *Administrative Science Quarterly*, vol. 64, no. 1, 2019.

9 Jacques Defourny, Olivier Gregoire, and Catherine Davister, "WISE Integration Social Enterprises in the European Union: An Overview of Existing Models," EMES International Research Network, 2004. Roger Spear and Eric Bidet, "Social Enterprise for Work Integration in 12 European Countries: A Descriptive Analysis," Annals of Public and Cooperative Economics, vol. 76, no. 2, 2005. Rosario Laratta and Sachiko Nakagawa, "Work Integration Social Enterprises for People with Disabilities in Japan," *Nonprofit Policy Forum*, vol. 7, no. 4, 2016.

10 Andrea Chan, Laurie Mook, and Susanna Kislenko, "Stakeholders' Stories of Impact: The Case of Furniture Bank," *Social Purpose Enterprises: Case Studies for Social Change*, Toronto: University of Toronto Press, 2014.

11 See Allen R. Bromberger, "A New Type of Hybrid," *Stanford Social Innovation Review*, Spring 2011.

穆夏·贝沙罗夫（Marya Besharov）

康奈尔大学劳工关系学院组织行为学副教授。

让-巴普蒂斯特·利特里科（Jean-Baptiste Litrico）

加拿大金斯顿皇后大学史密斯商学院战略与组织学副教授兼社会影响中心主任。

苏珊娜·基斯连科（Susanna Kislenko）

西班牙巴塞罗那 IESE 商学院博士研究生。

点评

为实现使命而赚钱

点评人：埃里克 · 尼（Eric Nee）

越来越多依靠捐赠和资助的非营利组织，正在寻找用商业性收益来补充甚至取代的方法。这是一个很有吸引力的机会，不过非营利组织应当谨慎行事，以避免偏离组织使命，或者偏离自身的核心业务。

这篇文章探讨了非营利组织引入商业模式的利与弊，这也是我很熟悉的一个话题。《斯坦福社会创新评论》从创刊之初，大部分的预算就依靠收费。我们本可以将杂志的运作模式设定为免费赠送，但却选择了收取订阅费。这样做的好处之一是，随着杂志变得越发受欢迎和尊重，其订阅量和订阅价格也得以随之提高。杂志主办的研讨会也同样如此。2006年，我们举办了第一次研讨会。从那时起，随着会议举办次数和参会人数的增加，我们也进一步提高了会费。除此之外，杂志的在线讲座、书刊再版、广告、授权费、赞助和其他收入来源也都是如此。

今天，来自产品和服务的收入约占杂志总预算的90%，其余资金则来自捐赠和基金会的资助。商业收入不仅仅是非营利组织获取资金的另一种方式。相对于捐赠或者资助而言，它可能是更为可靠的收入来源。只要你的组织持续提供客户愿意为之买单的产品和服务，就能实现持续创收，而不必担心某个资助者是否还喜欢你正在做的事情。

商业收入也是一个很好的用户反馈渠道，能确保你所提供的产品和服务是用户想要的。如果你提供的产品没有人买，那就说明你没能满足客户的需求；但如果你只是将产品免费赠送，那很难辨别用户的真实需求。慈善模式的一大缺点是，在接受服务的人与为此支付费用的人之间，通常缺乏反馈渠道和后续联系。例如，来自低收入家庭的孩子参加由富有的捐赠者们资助的免费课后补习班。如果孩子的家庭无力负担服务费用，那他们只是没有其他选择而已。

当然，赚钱只是达到目的的手段，而不是目的本身。引入商业模式的非营利组织面临的最大挑战之一是，它们很容易追求那些与其使命并不相符的收入机会。对《斯坦福社会创新评论》来说，有许多组织愿意出钱来获得接触读者的机会，但我们必须确保这些组织想要说的，或宣传的内容与我们受众的需求、我们自身的使命相匹配。

埃里克·尼（Eric Nee）

《斯坦福社会创新评论》英文版主编。

社会组织重在“花钱”而非“募钱”

作者：贾西津

隔离封锁、严防死守，面对未知的病毒，21 世纪的人类仍然在沿用着 600 多年前的无奈之举，然而全球化带来的人口流动让彻底的隔离措施成为不可能。面对日益复杂的公共问题，应对之策总是要比问题的传播扩大落后几步，怎么办？

截至 2019 年第三季度，全国各级社会组织有 84 万余家。在当前全国性的疫情面前，发挥好社会组织的作用，也可以为抗疫增添一支重要的力量。

社会组织是“花钱”的机制，而不是“募钱”的机制

为什么要发展社会组织？如果把它看作财政资源的一种补充，那么，假如财政资源足够充足，可以覆盖各方面公共服务供给，是不是就不需要社会组织了呢？那我们为什么不通过多收一点税来实现这个功能呢？

所以，我们需要认知社会组织是什么。社会组织是一种不同于行政体制的志愿机制。行政体制的特点是强制性、统一性、官僚性，而社会组织恰恰是多元、灵活、及时、直接、细化的。由于作用机制不同，所以社会组织是与行政体制不同的另一种资源配置方式。

社会捐赠是社会组织的一种重要资源来源。社会组织向社会募集物资，就像政府收取税收一样，是为了实现其目标所需要的资源保障。募捐和接受捐赠不是社会组织的存在目的。

总之，认识到社会组织是一种与行政体制不同的“花钱”机制非常重要。这才是社会组织存在的意义所在。

社会组织为何成为政府筹集社会资源的途径

2020 年 1 月 23 日，武汉市新冠肺炎防控指挥部发布第 3 号、第 4 号通告，开通社会捐赠，受捐主体是武汉市红十字会和武汉市慈善总会。

民政部于 2020 年 1 月 26 日发布《关于动员慈善力量依法有序参与新型冠状病毒感染的肺炎疫情防控工作的公告》，倡导各级慈善组织发挥自身优势、动员社会力量。但公告却规定，慈善组织为湖北省武汉市疫情防控工作募集的款物，由省、市两级的红十字会、慈善总会等 5 家组织接收，除定向捐赠外，原则上服从省、市新冠肺炎防控指挥部的统一调配。

《中国社会报》2020 年 2 月 10 日报道，武汉市慈善总会于 1 月 27 日起已将接收的社会捐款分 4 批、累计 27 亿元上缴市财政。2 月 12 日武汉市慈善总会发表声明称是误读，捐赠款由市新冠肺炎疫情防控指挥部设定专户，统一规划引导使用。从其社会捐款使用公告中，可以看到善款的主要流向包括市城建局（医院建设）、各区防控指挥部、各医院、治疗点等。

此前，湖北省和武汉市红十字会对于物资分发问题均表示“我们只是收，没有分配权”。

2008 年汶川地震救灾的社会捐赠，研究评估显示约 80% 流入了政府财政。2010 年玉树地震救灾，募得款项也被要求汇缴到青海民政厅及慈善会和红会，由政府按灾后重建规划统一使用。

可见，将社会组织作为政府募集社会资源、补充财政专项的途径，是一直有的惯性思维和做法。

事实上，自 20 世纪 80 年代以来，政府办社会组织，用于解决体制内的职能转型、人员分流、社会服务资金短缺等问题，就是中国社会组织设立的一条主要路径。在 2004

年以前，基金会基本就是政府设立，向社会募集资源，补充政府的社会公共服务的一种方式；直到 2004 年基金会管理条例出台，单设出非公募基金会的类型，才为民间资源独立办基金会打开了一扇窗户。

由于中国当前社会组织的发生路径，已经相应形成的一大批社会组织在组织目标、决策机制、功能实现等方面对政府的依附性，社会组织被作为财政资源补充的情况平时就存在，在紧急情况下这种思路往往表现得更突出。

社会组织是“募钱”还是“花钱”机制有什么区别?

基于前述所言，回看如果社会捐赠物资交由指挥部统一配置，同样是全部用于疫情防控，有什么问题吗?

首先，从法定权利而言，社会组织是独立的法人主体，它对自己的资产具有独立的法人权责。《慈善法》定义慈善组织是“以开展慈善活动为宗旨的组织”，也就是说慈善组织是要去开展慈善活动的，它是慈善活动的主体。《慈善法》规定，慈善组织应当根据法律法规以及章程的规定，建立健全内部治理结构，明确决策、执行、监督等方面的职责权限，开展慈善活动；慈善组织应当执行国家统一的会计制度，依法进行会计核算。由此可见，社会组织的三个登记条例以及组织章程都决定了其独立的法人权责。总之，慈善组织乃至更广义的社会组织，是独立的法人，享有法人的决策权，也依法要为其行为承担法人责任。

然而，法人权责在现实中做得并不好。很多社会组织的治理结构形同虚设，实际决策权还是在其业务主管单位，也就是政府体制内，或者由于资金、人事等关系，非正式决策机制起到主导作用。比如慈善会常常作为民政部门的社会窗口，红十字会由于依据《红十字会法》享有政府拨款，并有协助政府的职责，与国家行为和政府的关系更为密切，绝大多数全国性和省级的组织也都有比较强的行政纽带。不过，政社模糊不清是历史遗留问题，而不是发展方向问题，那么在这种事实的模糊状态下，向进一步混为一体的方向变化，显然是需要理论警惕的。

其次，在突发事件应对领域，社会组织是作为政府筹集资源的路径，还是依法独立开展其宗旨活动，更好、更有利？或者简单地说，同样数量的资源，政府使用和社会组织使用，是不是等同的？

这又回到政府与社会组织的花钱机制。税，是全民的、强制性的。相应地，税收相对应的公共服务是托底的、全面的，落实到具体的行政执行机制上又是统一决策、分配的，由政府体系来执行的，即使财政专项资金的运作机制也是如此。而社会组织没有这些限制，它们可以是定点的、定向的、由各个不同的主体多元选择的。

比如在武汉市红十字会公布的社会捐赠使用情况中，截至 2020 年 2 月 8 日，由武汉市新冠肺炎防控指挥部统一调配使用的非定向捐赠约 24.5 亿元（其中武汉市红十字会 6.5 亿元，武汉市慈善总会 18 亿元），拨付方向是医院 6.8 亿元，治疗点 6.9 亿元，各区防控指挥部 9.7 亿元，雷神山医院建设 1.1 亿元。武汉市慈善总会的公告显示了类似的使用方向，只是还有更多用于火神山和雷神山医院建设的投入，如 2 笔“新建传染病医院（2 个）”和 1 笔“市城建局（火神山、雷神山医院建设项目）”就共拨付 12 亿元。

在社会捐赠的医疗物资发放上，武汉市红十字会 2020 年 1 月 24 日发布第一次接受捐赠物资公告，1 月 30 日发布第一批发放物资公告，2 月 7 日开始批量发放口罩和防护服等核心防护物资。以 2 月 8 日—13 日公布的数据为例，我们选取武汉市协和医院和金银潭医院，及协和两个园区所在的江汉区和蔡甸区，将发放口罩与防护服的数量汇总（4 个以“箱”记的口罩没有详数除外），约数如下：

武汉协和医院及其西院区口罩 2.82 万只、防护服 800 套；金银潭医院口罩 1.54 万只、防护服 1750 套；江汉区指挥部口罩 1.32 万只、防护服 850 套，卫健局口罩 500 只、防护服 270 套；蔡甸区指挥部口罩 14.69 万只、防护服 4270 套，卫健局口罩 5500 只、防护服 2800 套。此外，还可以看到市卫健委防护服 4400 套，市指挥部口罩 7.9 万只。

在上述口罩中，标明“医用防护口罩”的 2230 只和标明“医用外科口罩”的 7.24 万只口罩，全部在政府系统，而医院“一次性医用口罩”比例大，协和医院本院的 1 万只口罩只有防尘口罩和民用 KN95 防护口罩。

有网友统计了 2 月 11 日单日的 N95 和医用口罩的发放，一线医院占 19.47%，指挥部和其他机构占 80.53%。“武汉发布”官方微博很快对此予以回应，分配到政府部门的物资还要进行二次分配。

无论如何，我们都可以看到财政或纳入财政决策的资源配置的特点：一是配置方向较单一集中，比如 24.5 亿元划拨一半新建两个医院；二是配置方式经由行政层级，比如一笔物资划拨其实只到达下一级政府的财政账户；三是终端受益者隐藏，由于是整体拨付、链条间接、多重配置权起作用，所以受捐物资和终端受益之间无法直接匹配，即便及时发布受捐和发放两方面信息，仍然是不能形成社会监督的。

相比而言，社会组织自己“花钱”，一般是先有项目设计，然后依据项目募款、执行。《慈善法》要求，慈善组织开展公开募捐，应当制订募捐方案，后者包括募捐目的、起止时间和地域、受益人、募得款物用途、募捐成本、剩余财产处理等一系列信息；同时，慈善组织在募捐后应当定期向社会公开其募捐情况和慈善项目实施情况。这里的项目实施情况就是如何“花钱”的情况，或者说募捐方案的执行，受益人显然是公益慈善项目最重要的目的。

同时，社会组织是多元主体，每个组织都有自己的项目、决策、执行，所以它们的资源配置特点也是非集中的、多种多样的、无层级的、直指受益者的，披露的信息是收捐与执行可以对应的。

所以我们可以看到，财政资源配置有集中性，比如危机应对中的财政专项资金，可以专款专用，“集中力量办事”，但要顾及各方面的公平性；而社会资源，则不用面面俱到、全面覆盖，所以可以定点冲关。比如，由自治的社会机制“花钱”，最符合激励的做法可能是，把最优质的医用口罩和防护服首先供给一线医院，然后会顾及那些社区工作者、快递服务、入户志愿者等基层人群的接触服务者，以及捐助者关心的议题。

财政配置资源和志愿机制配置资源，如同人用两条腿走路，只有两个机制都发挥作用，才能配合形成治理效果；假如把两条腿放进一个裤腿里，那就等于消除了一种机制，仅靠加强肌肉的力量是得不偿失的。

当然，社会组织分散“花钱”面对的一个最大挑战是如何彼此协调并保证质量，如何避免出现混乱无章，或者“撑死”某个医院、其他都“饿死”的状况。虽然现实中确实存在“眼球效应”，但这种关注力偏颇与行政分配时的“报批”，即决策偏颇，并不必然意味着更加无效；此外，各种协调机制也可以应对这个问题，特别是在互联网技术条件下，分散行动更容易形成秩序。

比如从 2020 年 1 月 23 日武汉“封城”以来，可观察到的社会组织自发行动呈现以下几个特点：

第一，反应快。在“封城”当天武汉各大医院纷纷直接向社会发出求助信息，一些企业家组织、基金会、校友会，还有企业和个人通过互联网、微信圈，就开始问询、想办法筹集资源。

第二，社会组织平时的资源动员和运作能力表现出来，内部很快就新议题形成分工，医护需求、物资来源、规格要求、募捐捐赠、运输途径、物流信息、落地组织、海外报关、最后一公里……初始情况不清、信息混乱，真真假假忙乱，但信息的识别和分工负责、合作连接很快出现，诸如人员分工、微信分群、任务归类、表格制作、责任对接、平台共享等，都是随时彼此同步。从“人肉”运输到包机，从院长直接拉货到快递给医务人员，从私车联盟到全国医师网络咨询平台，以及境外非政府组织、海外华人社团的强大资源调动能力，都体现了社会组织行动的特点。

第三，互联网技术使得分散反应的协调机制变得更加现实可行。比如分散的医院需求和分散的资源对接问题，通过网络动态表、技术数据，可以形成较好的信息共享平台。数据的及时更新和公开，给多元社会组织的平行行动提供了条件。

只要政府对社会组织的参与持开放态度，财政资源和捐赠资源就可以各就其位，形成互补。如果政府在其中搭建平台，实现信息共享、各方协调，同样可以形成强大的资源动员和应对突发事件的秩序。但是如果将捐赠资源纳入财政配置机制，其作用就只是节省了一点财政成本，其实大大削减了社会组织可能发挥的作用。

重视社会组织的“花钱”机制，发挥社会组织作用

2020 年 2 月 14 日，民政部再次发文《慈善组织、红十字会依法规范开展疫情防控慈

善募捐等活动指引》（简称《指引》），指引慈善组织、红十字会依法依规开展募捐活动。

《指引》规定，慈善组织、红十字会在各地联防联控机制统一领导和部署下，根据疫情防控工作的实际需要，充分尊重和体现捐赠人的意愿，合理分配使用捐赠款物。其接收的定向捐赠物资，按捐赠人意愿委托送达或由捐赠人直接送达最终使用单位；对于可以直接送达最终使用单位的非定向捐赠物资，由慈善组织、红十字会协调捐赠人直接送达最终使用单位或指定地点。

这一《指引》明确了慈善组织及红十字会在接受捐赠、分配使用捐赠款物上的主体地位，强调了其依法依规地独立开展活动，并尊重捐赠人意愿，实现最终受益人目标。这一《指引》可以被视为对“统一接受”指令的替代，更多体现了对社会组织运作规律的尊重。

依法依规、法人独立运作、尊重捐赠人、以最终受益为目标，这几个原则也适合于社会组织的日常运作。在这样的原则之下，通过互联网等技术的充分发掘，社会组织可以与政府形成良好的治理协力。

只有认识到社会组织是“花钱”的，而不是“募钱”的，才能真正看到社会组织的治理绩效。

贾西津

清华非政府组织研究所副所长。

注：本文中所涉及的相关数据由作者根据武汉市红十字会官网公布的《武汉市红十字会接收社会捐赠物资公示》《武汉市新冠肺炎疫情防控指挥部发放捐赠物资公示》，以及武汉市慈善总会官网公布的《武汉市慈善总会关于新冠肺炎防控社会捐赠物资使用的公告》整理计算得出。

向死而生：新冠病毒倒逼社会创新

作者：关凯

一场突如其来的疫情，让人感到世界将发生不同寻常的改变。这改变从何而来？这改变预示着更美好的生活，还是我们从此将不得不习惯灾难？

当人类文明秩序被小小的病毒搅得天翻地覆，当疫区社会以一种人为的主动瘫痪来防止疫情肆虐可能导致的被动瘫痪，当感染者丧生、幸存者恐惧，当珍视生命的人不畏生死冲上一线，我们需要在混乱中冷静地思考，如何改变人类才能创造真正美好的未来？

新冠病毒的挑战

当新型冠状病毒横空出世，人类社会突然面临一种极限挑战。

新冠病毒极具传染性、致病性和对人体多脏器的渗透攻击能力，堪称百年不遇的人类天敌。在此种级别的疫情面前，人类迄今为止的所有科学技术、社会制度和思想文化的建构，都瞬间暴露出既往不曾被注意的高明与肤浅。面对疫情，人类社会各出其策，但所持之策，有多少来自科学，又有多少来自各种类型的恐慌？复数形态的恐慌并非全是负面意义，它带来了一次对于人类所有医学、技术、资源和经济的大动员、大激活。

此次疫情的革命性在于，它促成了人类应对策略与行动的革命性。显然，任何基于人类生死机会的社会行动，都具有无与伦比的道义资源与改变成规的能力。

“旧制度”的局限

新冠病毒的暴发就像外星人入侵，一下子洞穿了各种类别、各个层面的社会制度的屏障，使所有人几乎毫无遮挡地面对生死考验。平素的强者不再有绝对优势，那些平时看不见的弱者却因在灾难中显现出的人性光辉而夺目。

优劣强弱之间的剧情反转，标示着现代社会的制度安排和文化规范正受到新冠病毒的根本性冲击。以人为本的世界观、将个人权利推高为至上准则的政治哲学原理、以经济利益及其分配为中心的社会组织方式、以政客政治考虑为中心的决策机制、金融资本主义支配下的全球分工以及消费主义生活方式，这些看似“天经地义”的现代性与全球化法则，都可能在某种情形下成为疫情传播的政治、经济、社会和文化助力。

新冠病毒是一种特殊的社会制度检验器，各国政府为治理疫情普遍采取的措施，超越了道德和利益之争。那些暂时的、权宜性的、不合常规的做法，彰显出平素那些稳固的、制度化的、符合常规的秩序所内在包含的某种荒诞性。

这同样蕴含着风险。以民族国家为单位的疫情防控，尽管成效显著，却不仅在全球范围内推动民族主义意识的滥觞，将一个相互依存、整体化的全球社会瞬间撕裂成政治和经济碎片，而且唤醒人们诿过于人、寻找替罪羊的本能欲望。当阴谋论纵横天下的时候，人类社会就可能倒退回丛林时代，零和游戏的思维不仅符合人性中阴暗的“常识”，更迎合某些强大力量的利益。

但如果我们将视线从只标示政治单位的地球仪拉伸至每一个可以看见具体的人的社会，疫情冲击下不同的社会和人的图景就会令我们感同身受。然后，我们发现，这世界上有如此之多和我们一样的人早已习惯向死而生：他们不恐惧死亡，因为死亡是自然的一部分；他们甚至不恐惧病毒，因为比病毒更强大、更容易看到的、能够让他们死亡的力量有很多，那是他们日常生活的一部分。

如果没有新冠病毒，这个世界不会有那么多不相干的人以那么离奇的高频次重复念叨一些地名：武汉、伦巴第、马德里、纽约……这些景观各异的地方，因为一种看不见的病毒而连接在一起，许多讲着不同语言的人在同时讨论同一个问题。人们痛心于那些不该死而死去的人，他们本可以活得更久；人们认定生命的崇高，不愿浪费生命，所以尽一切可能去保护生命。

在世界各地，疫情防控调动了很多组织和单位，存在各式各样极其复杂的状态。各个国家、地区、社会都依据各自的制度资源及其路径依赖去应对问题，也都经历着不同的成功与失败、经验与教训。新冠病毒不仅以一种简单的方式挑战整个人类社会，也以一种同样简单的方式揭示了全球化多样性的一面。世上没有完美的制度、完美的社会、完美的问题解决方案，只有对这种完美的永不止息的追求。

重新面对自然

从以整体自然秩序为中心的视角出发，与人类相比，病毒才是自然本身，而人类作为一种自然产物，浑身却洋溢着满满的反自然的气息。特别是启蒙之后，以人为本的现代文明发展始终将自然视为改造利用的对象。这种价值观插上理性主义和科学主义的翅膀，经过人类社会高度组织化的不懈努力，终于达到今日登峰造极的地步：经过人类无比智慧的努力，地球正在被改造成一个越来越令人类感到舒适的人工环境。

新冠病毒的出现，无疑是对今日人与自然关系实施的一种整体性的、无差别的惩罚，被病毒漠视的国家、民族、阶级、文化和社会身份，恰是构成当代人类社会的基础性要素。

只有当全球社会将应对新冠病毒挑战列为最优先级的时候，这一切才能促使人类社会做出与以往不同的更多反思。在小到不可见的病毒面前，人类引以为傲的既有文明体系竟是如此羸弱，甚至不堪一击。由此可见，在人类既有的认知观念、行为实践与制度安排中，埋藏着多少浅薄、傲慢、冷漠与无知。

疫情终将过去，幸存下来的人类社会成员终将会对新冠病毒具有免疫力。在未来回头观望，2020 年只是历史上“无所谓的一年”（a year of no significance，黄仁宇）。如果经年之后，下一代环境主义者仍然倡导今日已显狭隘的那些成套路的知识与社会议题，那些被病毒撕去伪善面纱的制度及其路径依赖仍然得享病毒般的生命力，那作为 2020 年亲历者的我们，应该惭愧。

向死而生的突破

人是主观能动的生物。面对任何一种严峻的自然与社会挑战，人都会展现出多样化的生命力与活力。事实上，人之所以会偶尔陷入困境，不仅是因为挑战本身带来的压力，更是因为人的思维会陷入单一轨道的迷途。这一迷途的尽头是组织、技术、行动和想象力的枯萎，其终极表现就是历史上那些已经消失的人类文明。

新冠病毒正在以威胁人类生存的力度挑战全球所有的政治、社会和知识权威，尽管这些权威的实际地位也许此刻并未动摇，甚至可能得到强化，但新的观念之门已然打开。穿过这扇人心之门，影壁上赫然刻着一个字：变！

疫情之后，必须改变的不仅是公共卫生和健康服务体系，更包括知识、观念、组织、社会行动与日常生活方式。病毒像一柄悬在人类社会头上的达摩克利斯之剑，是一种现实的威胁。虽然对当下的人类来说，它也许是一种“邪恶”，但对自然、对人类与自然共生的未来却未必邪恶。我们显然需要找到与如此“邪恶”的病毒长期共生的合适方式。这种方式除了医院和疫苗，还有更高级的形式，如新的规范、观念与行动。显然，探索这些更高级的形式，需要社会创新。

如何在既有的制度和文化环境下务实地解决现实的问题和挑战，是社会创新的灵魂和宗旨。

为应对疫情，知识、观念、组织、社会行动与日常生活方式已经在发生改变。疫情过后，这种变化注定不会逝水无痕、复归旧貌。因此，创新已经在发生，并将继续演变。或许可以这样说，当下的疫情正预示着一个基于社会创新的“知识、观念与行动迭代”的时间点。如同疫情治理在一定意义上促进了民族国家政体平等化一样，新冠病毒必将促进知识的平等化。多样性的、创新的社会声音必将有力挑战各类固有的思想权威，新生力量正在获得机会，向死而生的突破已呼之欲出。

社会创新：以未来为坐标

如果以个人的生死为尺度，我们就会被死亡的恐惧支配；但如果以人类的未来为尺度，我们就可以从容面对当下。

社会创新是一种从未来出发的思维能力，直接表现为新的社会观念的生产与安装，以及新的社会行动的生成。人类社会往往在灾难中穿行，现实的灾难是灾难，历史的灾难却是提升人类关怀的助推剂。此刻，我们不仅要在日常生活实践里与新冠病毒做斗争，更要在未来视野中捕捉新冠病毒灾难的历史价值并努力发挥之。

面对疫情，很多隐蔽在曾经井然秩序之下的社会问题纷纷浮现，从宏观社会的组织方式到微观人生的生计模型，从权威专家的失误失语到看不见的人群浮出水面，社会图景在刷新，创造性行动在发生，新的可能性正在广泛吸引人们的注意力和思考，各种层面的秩序正在面临重新调整。

面对疫情，制度的竞争依然存在，世界仍然不是平的。这或许预示着民族主义又一次群情激荡的拂晓，同时也可能指向民族主义真正的黄昏。各国战疫，尽显路径依赖，充塞其中的，是秩序与混乱、理性与愚昧、严谨与浮夸、超越与狭隘的缤纷对照。但对于生命的呵护，对于生命平等意义的关怀，以及对于人类与自然和谐关系的追求，却无疑是所有社会不动摇的价值共识。

面对疫情，一边是去全球化的效应在发酵，一边是疫情防控以全球化的战争样态出现，此刻已从中国阶段、欧美阶段，进入全球阶段。这也许会是一个相对较长的过程，前方充满不确定性。正如比尔·盖茨最担心贫穷国家那样，以主权国家为单位的战疫，如果脱离全球合作，将是另一场灾难。最终战胜疫情必然需要全球合作，无论是医疗物资的生产与分配、药物的开发和使用，还是经济的恢复、对贫穷国家的援助。可能改变的，是全球化进程的方式和节奏，而不是全球社会更加休戚与共的未来。

面对疫情，每一个社会以及生存于其中的每一个个体都无法独善其身，每一个具体的微观社会制度的改进，都来自每一个具体的社会成员个体的行动参与。灾难促使人们以创新的方式相互帮助，相互启发思考，相互合作。点滴积累之中，社会环境会因此而向善的方向发生改变。未来不会像新冠病毒那样突然出现，未来是人类当下行为塑造的结果。

千里之行，始于足下

放眼世界，疫情冲击之下，创新层出不穷，新生事物各显神通。无论是新科技企业（特别是互联网平台型公司），还是网络自组织社群，都因抗击疫情与安顿疫情条件下日常生活的需要，而展现出非凡的创新行动能力与效用，并提升了全社会对于运用新科技手段和商业力量解决社会问题的预期与信心。

首先应该被提及的，是各大新经济和新科技企业，在疫情下所做出的应变。抗疫紧张时刻的“滴滴医护车队”不惧风险接送白衣天使上下班，曾经默默无闻的小镇青年借助“快手”的赋能重现农产品的“自产自销”，“水滴筹”以“众人拾柴火焰高”的方式推动社会医保互助体系的发育……我们看到的，是企业正将社会价值嵌入自身的商业与科技创新之中，兼顾经济与社会目标，不断创造出共享价值。这些企业中的一些曾经经历过相当严重的社会信任危机。然而，通过创新，它们在疫情中成为受尊敬的社会问题解决者。

同时，现有的各形态组织，特别是商业组织，正尝试以改良游戏规则的方式，来突破自身的局限性（如 B Corp，即共益企业）。面对新冠病毒的挑战，北大西洋两岸的发达社会各种社会危机显现，其根源与新自由主义全球化经济制度有着密切的关联。这从一个侧面显示出“共益企业”的远见与价值，从股东所有制经济向利益相关者经济转变，倡导与探索各类商业向善与科技向善，公司不但要对股东负责，还要对其他包括员工、社区、供应商、销售商，甚至整个社会在内的利益相关方负责，这些已经成为一种共识和需要。以“共益企业”为代表的新经济制度创新正在塑造人类社会的未来。

除此之外，还有一股更大的创造与解困的力量源于以自组织社群为代表的新兴势力，他们对固有的组织思维、旧势力提出了挑战。基于新技术与新价值观，自组织化社群正在主动行动，解决社会问题，推动社会发展。这是一种新的运动形态。与传统的科层制架构相比，去中心化使每一个人都在释放独特的创造性与能力，由此集成各种如水流般自然、电流般有穿透力的新势力，这预示着一种新秩序。

总之，罗马非一夜建成，创新非一蹴而就。与创新同行的，不仅是创新者队伍的壮大、创新经验的提升，其间也将不断邂逅质疑、挑战和阻碍。由新冠疫情倒逼出来的创新行动，因此成为一个向死而生的隐喻。然而，与单向度思维相比，开放与跨界的创新思维更有利于解决问题。当跨部门、跨领域、跨学科、跨背景人群之间不断发生思维碰撞和行动协作时，集合影响力就出现了；随着具体社会问题不断得到多点式、规模化的解决，系统性改变终将到来。

这关乎我们每个人的未来，也在于我们每个人的努力。

关凯

《斯坦福社会创新评论》中文版编辑部学术主编、云南大学民族学与社会学学院院长。

Kiva 的混合型组织转型之路①

作者：贾斯吉特·辛格
（Jasjit Singh）

Kiva 在诞生之初，是一个广受欢迎的 P2P 众筹平台，专门服务于那些无法获得金融服务的人。然而，当它的模式受到严重质疑时，Kiva 决定大胆尝试一系列超越传统贷款模式的新举措。它能否不忘初心地成功转型？

2003 年，25 岁的杰西卡·杰克利（Jessica Jackley）是斯坦福商学院公共管理项目的一名教职工。穆罕默德·尤努斯（Muhammad Yunus）的一次演讲彻底改变了她的生活。

尤努斯在孟加拉国创建了格莱珉银行，专业推广小额信贷扶贫方案，以解决全球贫困问题。大多数金融机构发放贷款需要借方提供抵押品和信用记录，而这正是低收入国家的穷人拿不出来的。小额信贷为穷困人口，尤其是有抱负的创业者提供了一种可持续、以市场为导向的借贷方式。尤努斯的努力让他赢得了 2006 年诺贝尔和平奖。

杰克利决定辞职，搬到东非去亲身体验小额信贷。她的丈夫马特·弗兰纳里（Matt Flannery）毕业于斯坦福大学，当时在 TiVo 做计算机程序员。几个月后，他加入她的行列，两人在非洲进行长时间的考察。

杰克利在 2015 年的自传中写道："我想让朋友和家人去感受这些新的创业故事。我还想让他们以全新的方式做出回应——不是捐赠，而是贷款。"

---

① 原文选自 *Stanford Social Innovation Review*, Fall 2019 Issue，原标题为 Kiva Reinvents Itself。

48 岁的杰柯琳（右）是肯尼亚的一名农民兼店主。她用 Kiva 提供的贷款买了一头奶牛，在自家店里的货架上增添了牛奶和酸奶产品。（照片由利德 · 维迪亚蒂摄 /Kiva 提供）

2004 年，这对夫妇回到旧金山，并着手开发一个网站，将亲戚、朋友和熟人与需要小额贷款的东非人连接起来。2005 年 4 月，夫妇俩做好了启动一个试点项目的准备，为乌干达的一位牧师、社区领袖摩西 · 奥尼安戈所推荐的 7 笔贷款需求提供众筹资金，总额 3500 美元。

杰克利和弗兰纳里上传了贷款人的照片和故事，并通过电子邮件将筹款请求发送给两人婚礼邀请名单上的 300 个人。伊丽莎白 · 奥马拉是 7 名贷款人中的一位，她是一名寡妇和 7 个孩子的母亲。她计划用申请的 500 美元贷款来扩大她的贩鱼生意。短短几天，发布的 7 笔贷款申请全都筹到了资金。

“在接下来的六个月里，美好的事情发生了。”杰克利在一次公开演讲中回忆道，“创业者拿到了贷款，有了收入；他们的生意真的增长了；他们能够自食其力，改变自己的生活轨迹。”

受到这次成功试验的鼓舞，这对夫妇决定将网站 Kiva 正式上线，向公众开放。普雷马·沙赫（Premal Shah）在在线支付服务商 PayPal 工作时一直在运营一个小额信贷试点项目。他离开了 PayPal，加入了杰克利和弗兰纳里的创业项目，并成为联合创办人。

截至 2018 年底，Kiva 已向 300 万名借款人发放了来自 130 万名投资人的 12 亿美元贷款。然而，实现如此大规模的增长，需要在执行创始人最初愿景的层面上做出妥协。早在 2009 年，Kiva 就曾因其运营模式的透明度和影响力评估而引发诸多争议。在保持低调的同时，Kiva 开始尝试不同的模式来化解这些批评。

2018 年，Kiva 决定对机构使命进行重新定义。Kiva 将新的宗旨设定为“扩大金融服务，以帮助服务匮乏的社区繁荣发展”，取代了原先“通过借贷将人们连接起来，以减轻贫困”的宗旨。自从作为一种基于众筹的借贷模式诞生以来，“连接人与人”和“借贷”就一直是 Kiva 的主要特征，但新的使命宣言并没有出现这些表述。这一变化反映了一个新的现实：Kiva 为了寻求更广更深的影响力，已经成为融合多个业务内容的组织，尽管金融普惠仍是一条统一的主线。

沙赫在 2018 年之前一直担任 Kiva 的总裁，也是唯一还留在 Kiva 的联合创始人。他说：“很少有人注意到，我们一直在低调地、锲而不舍地追求影响力。这很难做到，也难以衡量，但至关重要。”

草创期：非营利的 P2P 众筹平台

Kiva 于 2005 年正式推出，定位为一个 P2P（个人对个人）的众筹平台，用户 / 投资者提供贷款给需要少量资金进行小本创业的海外借款人，单笔贷款的下限是 25 美元。几位创始人组建了一支充满激情的团队，办公室就是沙赫的家。在第一年的大部分时间里，团队成员都不拿工资。

Kiva 继续依靠故事和人际关系的力量来筹集资金，人气迅速攀升。2007 年，联合创办人弗兰纳里在为《创新》（*Innovations*）杂志撰写的一篇文章中写道：“我们在贷款人与借款人之间建立的人际关系，为小额信贷运动带来了新的投资人社群。”

Kiva 与海外地方合作伙伴结成了网络，一起寻找借款人。这些合作伙伴通常是刚起步，或者缺乏其他资金来源的小型小额信贷机构。Kiva 的合作伙伴负责管理贷款，帮忙准备供 Kiva 用户查看的借款人档案，并定期提供关于借款人用款进度的信息。

截至 2007 年春，Kiva 已为 6 万名用户借出资金，通过 40 个小额信贷合作伙伴累计向借款人提供了 600 万美元的贷款。用户们被各种各样的创业故事深深吸引：加纳的养蜂人、柬埔寨的菜农、尼加拉瓜的热狗小贩、加沙的木匠等。弗兰纳里回忆说，Kiva 用户对借款人有着偏好。“一位卖水果的非洲女性几个小时内就能筹到资金。一位尼加拉瓜的小商贩可以在几天内筹得资金。而一位保加利亚的出租车司机需要几周时间才能获得贷款。”

Kiva 在 2007 年夏天获得了美国大众的广泛关注。热门电视节目《奥普拉 · 温弗瑞秀》（*The Oprah Winfrey Show*）决定介绍这个组织。在节目中，来自西雅图的手工艺人安妮 · 布朗讲述了自己贷款给厄瓜多尔一名女裁缝的故事。布朗称 Kiva 是一种“终极购物体验”。美国前总统比尔 · 克林顿在他的新书《给予》（*Giving*）中提到了 Kiva。Kiva 的网站因流量激增而一度崩溃。随着奥普拉观众向 Kiva 投入更多资金，Kiva 能够购买更大的服务器。

作为一个美国 501(c)(3) 非营利组织，Kiva 并没有向用户或地方合作伙伴收取任何利息、平台使用费或佣金。Kiva 的创始人希望避免因机构被定性为金融证券发行人而引起的烦琐法律事宜。得益于沙赫的关系，PayPal 免费为 Kiva 处理所有金融交易。Kiva 用户在贷款得到偿还后，有三种选择：把钱取出来，作为“小费”捐给 Kiva，或者再借出去。事实证明，再借出去是最受欢迎的选择：只有不到 10% 的资金被贷款人提走。这种资金再循环有助于推动 Kiva 贷款资产组合的增长。

Kiva 的可持续性有赖于三个收入来源。最大的来源是用户在交易过程中捐出的小费。2008 年，约有一半的 Kiva 用户捐了小费，总计 200 万美元。第二个来源是从 Kiva 的银行余额中产生的利息，主要来自贷款人、尚未拨付给小额信贷机构合作伙伴的资金。2008 年，这部分资金产生了 40 万美元的收益。第三个来源是过期的 Kiva 礼品卡，这些礼品卡可以在 Kiva 网站上使用，但因未及时兑换而过期。2008 年，因礼品卡过期而产生的收益达 30 万美元。

这三个收入来源为 Kiva 在 2008 年的 410 万美元预算贡献了 270 万美元。剩下的资金缺口来自其他捐款和筹款活动。考虑到需要在 40 多个国家进行尽职调查，Kiva 的一些领导人认为这一资金缺口是不可避免的。其他人则认为 Kiva 应该努力实现自我造血。这一争论一直持续到今天，而 Kiva 仍然部分依赖外部资金。

质疑：虚构的风波

2007 年夏天，Kiva 的人气大大提升，但与此同时，其核心模式也受到了挑战。Kiva 的第一位合伙人摩西 · 奥尼安戈，被发现发布虚假的借款人资料和挪用资金。弗兰纳里回忆道："摩西用他的贩鱼、牧羊和销售二手衣服的故事点亮了早期的 Kiva。但随着 Kiva 的逐渐壮大，摩西开始编造虚假借款人的动人谎言。"Kiva 决定公开此事，将涉及的 25 万美元款项退还给了贷款人，其中大多数人决定将退款再投资于新的 Kiva 贷款。

然而，更多的合伙人失职或公开欺诈事件还是接踵而至。Kiva 决定，通过招募和寻求外部专家意见相结合的方式，加强尽职调查。安永向其捐赠了价值 100 万美元的服务。如今，Kiva 通过实地考察谨慎筛选借贷机会，而且 Kiva 的投资委员会在批准贷款前会审查相关调查结果。

发展中国家成了 Kiva 运作的主战场。这家曾经的硅谷创业公司已经发展成为科技和国际援助发展的交叉领域里的一家混合型组织。Kiva 的内部讨论更多关注如何使小额信贷风险最小化，而不是影响力。Kiva 的首席投资官查德 · 斯特本兹（Chad Sterbenz）表示："我们相信，通过 Kiva 网站获得的每 1 美元，都能顺利交到发展中国家一个信誉良好的小额信贷合作伙伴手中，这本身就是一件好事。"斯特本兹在影响力投资领域工作了 6 年后，于 2013 年加入 Kiva。

Kiva 继续快速增长，截至 2008 年共发放了 3600 万美元的小额信贷。为了将风险降至最低并实现规模化，它的投资组合开始向大型小额信贷机构倾斜。凯西 · 吉斯（Kathy Guis）于 2010 年开始与 Kiva 的地方合作伙伴合作，现在是合作伙伴投资高级主管。她说：

“因为我们避开了风险较高的合作伙伴，到2010年，Kiva的风险状况相当低，尽管我们获得的资本在寻求影响力方面可能更愿意冒险。”

Kiva刚成立时，在其网站上发布的每笔贷款需求都必须先单独筹得资金，这样借款人才能收到这笔钱。但后来，Kiva的一些大型小额信贷机构合作伙伴寻求更快地发放贷款，并批量处理交易。现在，各笔借款需求可以在筹足资金之前发放。

2009年10月，经济学家大卫·鲁德曼（David Roodman）发表了一篇被疯传的文章，标题是《Kiva的真相》。他写道：“Kiva构建的所谓贷款人与借款人之间的个人关系部分是虚构的。我怀疑大多数Kiva用户并没意识到这一点。”

其他批评者则称，Kiva没有公开新的地方合作伙伴向借款人收取利息的做法。（Kiva向合作伙伴提供的资金是无息的。）小额信贷顾问休·辛克莱（Hugh Sinclair）甚至指责Kiva“故意欺骗潜在借款人”：“Kiva不断用照片讲述动人的故事，却没有提及穷人被迫支付的利息。”

Kiva的管理团队震惊了。他们把透明度作为机构的核心价值，从不打算向用户隐瞒任何事情。为了解决这个问题，Kiva试图通过网站上附加链接的方式提供大部分相关信息，而不是让普通用户在打开网站时就淹没在大量信息中。

鲁德曼认为，迫使借款人依赖众筹参与者的心血来潮来获取资金是一种侮辱。但他也指出，还有一个更大的问题不受Kiva的控制：贷款人、捐助者往往不重视贷款内容的细微差别或实际产生的影响。他们只想看动人的照片和故事，让自己感觉良好。

Kiva 的联合创始人杰西卡 · 杰克利（左图）和马特 · 弗兰纳里（右图）。下图：现任首席执行官内维尔 · 克劳利（左）和第三个联合创始人兼前总裁普雷马 · 沙赫（中）。［照片分别由维基共享资源（Wikimedia Commons）、“内罗毕车库”（Nairobi Garage）和 Kiva 提供］

反思：小额信贷的扶贫效果并不理想？

正值 Kiva 调整运营模式之时，小额信贷本身作为扶贫工具正面临着一场声势浩大的“批判”。批评者指责小额信贷机构的高利率和激进策略，令借款人背负沉重的债务。2010 年，印度安得拉邦有 80 多名债务累累的借款人（与 Kiva 无关）自杀身亡。

随机对照试验也表明，小额信贷的扶贫效果并不理想。在接受贷款的穷人中，只有一小部分人投资做生意，而且往往以失败告终。在2015年的一篇评论文章中，经济学家阿巴希·巴纳吉（Abhijit Banerjee）、迪恩·卡兰（Dean Karlan）和乔纳森·辛曼（Jonathan Zinman）总结道：“通过汇总和解释多项研究结果，我们发现小额信贷具有适度的积极作用，但没有变革性的效果。”

沙赫回忆道：“Kiva 模式就是建立在小额信贷是一种有效的扶贫工具的假设上的。但随机对照试验表明，其实际产生的影响，尤其是对穷人家庭收入和消费的影响，总体而言并不大。因此，我们有责任反思：如何才能提高影响力？”

Kiva 的领导人仍然坚信，即使大型小额信贷机构的标准借贷模式效益不高，Kiva 提供的贷款也至少发挥了一些作用。“如果小农户需要贷款购买化肥，而他们的第一笔还款将在两周内到期，那么他们就没有机会用好这笔贷款。”格拉萨诺说，“但如果向农民提供与其现金流相适配的灵活借贷条款，就可以大大改善所产生的影响。”

在追求切实的影响力的过程中，Kiva 的领导人变得更愿意接受风险去尝试新的小额信贷模式。“我们开始意识到，我们的目标并不是避免冒险，”吉斯说，“而是为了更加了解我们承担的风险，并评估与潜在影响有关的风险。”

然而，Kiva 要说服资助人和小额信贷机构合作伙伴接受这种思维并非易事，因为他们更关注还款率，而不是影响力的大小。而且，Kiva 不能简单地放弃多年来建立的各种关系和投资组合。Kiva 开始开拓新的伙伴关系，寻找愿意尝试有更大影响潜力的创新小额信贷组织和其他相关组织，比如为贫困学生设立贷款项目的教育机构。

要说服地方合作伙伴和出资人参与这种试验性项目并不容易。因此，沙赫和格拉萨诺与 Kiva 战略和投资团队的其他高级经理磋商后，决定启动一项正式计划。格拉萨诺说："我们明确了 Kiva 可以扮演的一个角色——一个影响力模式的研发机构，并将之命名为 Kiva 实验室。"

Kiva 实验室不可避免地经历了一些失败。譬如，非洲东南部马拉维共和国的一个非营利组织资助的养猪项目，用猪崽来偿还贷款。"这种做法很可爱，但后来猪的价格暴跌，导致无法收回成本。"吉斯说，"有些事情就是这样：想法很不错，但就是行不通。"

Kiva 实验室会优先考虑没有其他资金来源可以选择的社区，比如难民和灾区。例如，Kiva 与菲律宾的一家社会企业，内格罗斯妇女未来基金合作，援助 2013 年袭击菲律宾的台风"海燕"的幸存者。负责该项目的经理雷蒙德·塞里奥斯（Raymond Serios）说："我们提供过桥贷款，让那些垮掉的企业重新启动，恢复正常的经济活动。但后来我们意识到，其中许多人甚至连个屋顶都没有，他们仍住在疏散中心。因此，我们决定，第一步先提供住房重建贷款。虽然有许多其他出资人愿意帮助我们提供商业贷款，但只有 Kiva 提供住房重建贷款。"

到2013年底，Kiva实验室已通过农业、教育、能源、移动技术和其他领域的70多个合作伙伴发放了约800万美元的贷款。贷款资金来自Google.org（谷歌旗下的公益机构）提供的一笔3年期300万美元赠款。思科基金会（Cisco Foundation）和穆拉戈基金会（Mulago Foundation）也提供了数额不小的资金和物资。通过使用捐赠来鼓励各种实验性项目，Kiva实验室积累了越来越多的数据点，证明了在充满挑战的环境下提供贷款的价值。

Kiva 实验室鼓励新的、更有影响力的小额信贷项目的努力受到了赞扬。迪恩 · 卡兰在 2014 年《斯坦福社会创新评论》的一篇文章中写道："通过 Kiva 实验室，捐助者可以提供补贴，来鼓励贷款人承担额外风险，从而推动小额信贷的创新。结果是，贷款人有动力去修改贷款合同，以改善穷人获得信贷的渠道。"

突破：针对社会企业的影响力投资

早在 2012 年，Kiva 就开始与社会企业合作。格拉萨诺说："当时我们寻找的是有发展前景的使命驱动型组织，它们不一定是贷款机构，但金融服务仍然是其商业模式的关键部分。"

其中一个合作伙伴是 Sistema Biobolsa，这是一家墨西哥企业，向农民出售"生物分解设备"，用于将农业废弃物转化为沼气和有机肥料。Sistema Biobolsa 的首席运营官埃丝特 · 阿尔特弗（Esther Altorfer）说："如果没有 Kiva 用无息贷款让最贫穷的客户也能买得起我们的产品，我们就不可能开发出普惠贷款计划。"

Kiva 也开始意识到，其所提供的贷款支持往往能推动社会企业本身的成长。例如，Kiva 给社会企业 Babban Gona 提供了 5 万美元的信贷额度，帮助它建立还款记录，以便以后从其他投资者那里获得更多资金。这家以扶贫为宗旨的社会企业为尼日利亚的小农户提供贷款业务。通过这种方式，Kiva 的投资团队开始探索能否在更大范围内充当高潜力社会企业的影响力投资者，即便某些社会企业并不契合 Kiva 的传统运营模式。

2016 年，Kiva 正式启动了“社会企业投资计划”，向初创期的社会企业提供贷款，帮助它们扩大规模。Kiva 最早的投资之一是向社会企业 myAgro 提供 5 万美元的贷款，myAgro 通过手机应用程序为西非马里的农民提供理财计划，积累储蓄用于购买种子、肥料和设备。

Kiva 的战略计划总监卡洛斯 · 皮埃尔（Carlos Pierre）曾是一名投资银行家，他于 2012 年加入 Kiva，并与斯特本兹合作设计了该计划。他们的目标是利用影响力投资来填补重要的资金缺口。

“我们听到两种不同的声音，”皮埃尔说，“社会企业更多的是谈论影响力，而非财务回报。但主流的影响力投资者却表示：‘你们没有三年经审计的财务数据，你们的销售额还不到 100 万美元。我为什么要跟你们谈？难道没有更多值得投资的企业吗？’”

Kiva 的社会企业投资计划主要针对那些已经开始创收的企业，它们需要早期融资，将规模扩大到能引起主流影响力投资者兴趣的程度。这些企业面临着经济难题，例如：由于贷款规模相对较小，每 1 美元贷款的尽职调查成本很高；一家社会企业一般只申请不到 10 万美元的贷款，而一家大型小额信贷机构的信贷额度往往超过 200 万美元。

Kiva 试图通过制定分级管理的方法来缓解这个问题，让额度较小的贷款采用更简单的流程和文书工作。此外，这类贷款也伴随着更大的违约风险。沙赫说：“这些是针对高贫困社区的市场化新模式。他们的还款率不会有 97% ～ 98% 这么高。”

尽管 Kiva 的社会企业投资计划满足了一个重要的需求，但还不清楚 Kiva 的用户会在多大程度上支持该计划，他们可能仍然更喜欢传统贷款模式，毕竟那可以让他们更好地与借款人建立个人关系。吉斯说："目前，社会企业投资计划在网站上会与其他典型贷款区分开来。我们对这类贷款进行仔细审查，以确保其有足够的吸引力。只有当用户能收到还款时，我们才会在网站上发布。"格拉萨诺补充说，仅仅依靠众筹是不够的："扩大贷款规模的关键是获得匹配的捐款。每当我们能获得来自机构的匹配资金，筹款金额就会相应迅速地增加。"

截至 2018 年，Kiva 成功向 70 家社会企业提供了总计约 360 万美元的贷款。皮埃尔说："从对我们的问卷调查提供反馈信息的大约 50 个组织来看，Kiva 每投资 1 美元，后续就有平均 7 美元的额外资金投入。"

社会企业的影响力投资者对 Kiva 来说仍然是一个新的角色。相关的一部分业务仍继续由 Kiva 实验室进行管理，特别是一些需要大量补贴或资金援助的个案，但 Kiva 的大部分社会企业工作现在已成为其核心业务的一部分。

难点：如何衡量影响力？

在推出了像 Kiva 实验室这样的影响力驱动项目之后，Kiva 希望自身的影响力由此得到提升。但这无法确定，尤其是 Kiva 投资的每 1 美元所产生的影响是否得到了改善。那些看似有影响力，但规模较小的投资也有尽职调查等固定成本。格拉萨诺说："我们在投资委员会会议上对每一个个案都有争议。要向外界传达影响力就更难了。"

2013年，穆拉戈基金会等外部组织鼓励Kiva制定一个综合评估影响力的框架。过去，Kiva的投资组合管理从三个维度做借贷评估：贷款类型的受欢迎程度（基于Kiva网站上评测的贷款人偏好）、与合作伙伴合作的成本以及不还款的风险。投资经理们对有关影响力评估的讨论很不满意，希望能制定出更明确的衡量指标。吉斯说："他们都习惯了能看到精确的财务数据。而且在评估运营质量方面也已经有了成熟的框架可以运用。因此，他们自然也希望我们的影响力衡量工具达到一定的精度。"

2015年，投资团队增加了第四个评估要素——影响力指标，构成了名为PICR（受欢迎程度popularity、影响力impact、成本cost、风险risk）的新投资组合管理框架。然而，影响力指标仍有些过于简单化和主观化，并非基于详尽的研究。因此，还需要进一步完善。

对投资项目进行研究，并将其应用于投资组合管理耗资巨大。因此，格拉萨诺向万事达卡基金会提议，说服该基金会同意与 Kiva 建立为期 5 年的合作关系（自 2016 年起），拨出 800 万美元支持 Kiva 实验室。此次合作将有助于加强 Kiva 在影响力评估方面的能力，包括雇用训练有素的专家。来自 Samasource 的周迪（她之前在 Samasource 建立了一个影响力框架）成为 Kiva 的影响力总监。

周迪回忆道："当时大家都很看好引入影响力评估，但总体方向还不明确。在影响力的问题上弥漫着一种恐惧感，甚至可能是羞耻感。但这完全没有必要。"格拉萨诺和周迪说服管理团队采用 Kiva 实验室作为探索性平台，这一部分的投资组合需要有别于 Kiva 的传统型投资组合，以资助为主要资金来源，在减轻财务压力的前提下敢于冒险，此举意义重大。

到2018年，周迪和她的团队推出了新版“影响力评分法”，比以往更系统地整合了关于影响力的证据。评分流程首先从深入查阅学术文献，收集关于不同场景下的贷款所产生的影响力证据开始。该流程有助于识别和记录具有最大影响潜力的借贷实践和产品属性。相应的数据库会不断更新：每当发现一个前景可观的贷款项目时，团队就会为其创建一个“标签”，并根据它增加影响的证据强度给予“高”、“中”或“低”的评级。

用标签对贷款产品进行编码，有助于生成反映其潜在影响力的“产品分数”。例如，数据库中有一个标签，用于评估为借款人提供贷款偿还宽限期，会增加他们未来收入的证据。还有一个标签追踪的研究表明，制定与借款人现金流（比如，农民在庄稼收获后会有更多的钱）紧密适配的还款计划会产生更大的影响。

贷款的“产品得分”只是构成其总体“影响力得分”的三个维度之一。第二个维度是贷款的“目标得分”，该得分追踪所触达的细分领域，并基于来自世界银行等权威机构关于特定地区的贫困和金融服务多样性的数据。第三个维度是“流程质量得分”，它反映了实施贷款的合作伙伴的表现（基于尽职调查）。Kiva已开始使用这些分数来确定借贷机会的优先级，并管理其整体投资组合。投资团队由30人组成，他们管理着约1.5亿美元的资产，不仅为合作伙伴设定总体得分目标，也为各个贷款产品设定得分目标。

Kiva向循证策略迈进的过程，与其他重视影响力的组织的努力不谋而合。周迪说：“我们确保不让任何人错误地认为这些分数是精确的。无论实际分数是多少，总会有偏差。我们的重点是区分哪些东西真正产生影响，哪些没有。”

这样的分数对指导Kiva领导人的工作可能很有帮助。但Kiva的用户呢？用户的动机可能是想做好事，但这种愿望追求的往往是漂亮的照片和感人的故事，而不是影响力

尤兰达是加利福尼亚州奥克兰一家农业和园艺商店的老板，她用来自 Kiva 的一笔 5000 美元贷款翻新了自己的商店，并扩大了产品供应。（照片由布兰登 · 史密斯摄 /Kiva 提供）

分数。沙赫说：“每天有成千上万的人访问我们的网站，他们并非对所有细节都感兴趣。因此，我们有责任将他们的投资组合引向有充分证据背书的个案。”

正如所有社交媒体公司所发现的那样，管理用户的参与是一件棘手的事情。斯特本兹说：“Kiva 成立时的互联网环境与今天截然不同。如今，争夺用户的注意力变得更为困难。用户有更多的选择，注意力持续时间更短，而且习惯了推特式的互动。”

如果 Kiva 将影响力融入用户体验中的方式与用户产生共鸣的方式不一致，那么就有用户流失的风险。然而，向用户提供仅靠故事吸引他们的借贷机会是不负责任的。沙赫说:“我们必须回应用户的诉求，同时还要确保将资金投到能产生实际影响力的事情上。”

Kiva 迄今一直避免让普通用户接触过于复杂的东西。对希望看到的贷款类型有明确偏好的用户，可以选择特定的标准作为筛选条件。除此之外，Kiva 网站会使用影响力分数作为决定借贷机会呈现顺序的众多考虑因素之一，来引导用户关注有更大影响力的贷款项目。

“我们已经将影响力分数整合到了排序算法中。”周迪说，“以往我们的网站排序完全根据用户的点击浏览记录生成。但现在我们添加了影响力指标，并追问：转化率有变化吗？整体贷款有变化吗？如果没有，我们将用同样的金额产生更深远的影响。”

Kiva 通过算法“管理用户”的做法可能被某些人视为一种操纵或家长式作风。但梅西认为这是一种提升 Kiva 影响力的实用方法。“如果要说有什么区别的话，Kiva 使用影响力评分来确保合适的人从 Kiva 的平台中受益，并且以最高效的方式实施借贷，这是更负责任的做法。”

未来：大胆超越小额信贷的传统

2018 年底，沙赫宣布卸任总裁一职，将公司未来的领导权交给了 2017 年加入 Kiva 的首席执行官内维尔 · 克劳利（Neville Crawley）。克劳利曾先后在知名对冲基金和咨询公司任职，这在非营利行业看来似乎有些另类。但克劳利解释说，他在中国贫困地区生活的经历以及与尼日利亚的低收入客户工作的经验，让他做好了充分的准备。克劳利曾担任软件和数据分析公司 Quid 的首席执行官，带领该公司成功扭转颓势，这让他在战略思维、财务管理和筹资方面也有着良好的记录，这些技能对 Kiva 的未来至关重要。

在克劳利的领导下，Kiva 变得更加雄心勃勃和高调。为了在普惠金融领域取得更快的进展，克劳利希望 Kiva 迅速扩大有发展前景的项目，并推出新的项目。

"Kiva 面临的不是资源问题，而是分配问题。"克劳利说，"数十亿美元存在大银行，对世界没有什么贡献，也没有获得多少回报。如果我们能将其中一部分存款投资于尼日利亚或柬埔寨等国家的借贷机会上，这将产生更大的影响，也是比较好的投资。"

在这个新愿景之下，2007 年吸引了奥普拉观众的 Kiva 将何去何从？克劳利认为，Kiva 没有理由将资金来源限制于个人贷款人。他不再将个人投资者与借款人的连接视为重中之重，而是专注于确保和扩大所产生的影响。克劳利说："我们正在全方位应对普惠金融的挑战。我们相信，这种多管齐下的方法给予我们最大的机会实现大规模、有意义的影响。"

周迪补充道："我们能有今天的成就，个人投资者功不可没。现在，我们希望我们的影响力规模有更宏大的未来。这意味着要对未来持开放态度，以后我们的全部资金中只有一小部分来自众筹。”

那么，Kiva 对“将人们连接起来”和“贷款”的承诺怎么办（Kiva 从其最初的使命宣言中删除了这两个表达）？克劳利说：“我们正在探讨所有这些策略，有些人批评说我们已经背离了使命，但我们的使命宣言尚未赶上现实的发展。因此，我们集体反思，让 Kiva 员工建言献策，反复打磨一份我们认为能获得强烈支持的使命宣言。”

在克劳利的领导下，Kiva 正在挑战其长期的内部假设，即不能收取利息。Kiva 正在引入一种分级管理方法：最前沿的贷款仍将不收利息或采用低利率，但有主流产品且产生足够现金流的成熟小额信贷机构将需要支付较高的利息或平台费。

Kiva 期望其整体投资组合能获得正的净收益，以保证自身的可持续性，因此它越来越不像传统慈善机构。克劳利并不认为这是个问题：“假如我们对部分资金附加了 5% 或 10% 的利率，相比于其他资本提供者，这仍然是合理的。这将使我们能够提供比原本更多的资本，也有利于扩大我们的整体影响力。”

此外，克劳利还计划增加对机构的贷款力度：“我们已经问过较大规模的合作伙伴：‘如果以当前费率再给你们提供额外 500 万美元的资金，会有帮助吗？’答案是肯定的。这些资金不必进行众筹，将来自基金会或其他机构。”

Kiva 的新使命伴随着一个新愿景，即“打造一个普惠金融的世界，让所有人都有能力改善自己的生活”。为了更快地实现这一愿景，Kiva 现在将自身定位为不仅仅是一个贷款平台，而是通过建设技术基础设施，为将无法获得金融服务的人们纳入全球银行体系铺路。

不妨想想全球尚无银行账户的 17 亿成年人。克劳利解释说：“没有银行账户的人的确可以从邻居、放贷人或小额信贷机构那里获得并偿还贷款。但他们仍然无法就某些事情（如建造房屋）获得贷款，因为他们的借贷记录没有以正式身份记录在征信机构。”因此，克劳利正在牵头一项名为“Kiva 协议”（Kiva Protocol）的新计划，目的是帮助所有人获得数字化身份。这个由数百万美元赠款资助的试点项目，将使用前沿的分布式账本技术为塞拉利昂的 700 万公民（其中 80% 没有银行账户）构建一个数字化身份识别系统。塞拉利昂项目于 2018 年在联合国大会上宣布，旨在展示如何有效地整合来自各类正规和非正规金融机构的数据，从而帮助生成个人的信用记录。

克劳利带领下的新 Kiva 正在推行的大胆战略，远远超越了其作为小额信贷众筹平台的最初使命和传统。随着 Kiva 继续探寻自己新的定位，这项举措需要经受重大重组和人员更替。“2018 年是我们士气低落的一年，主要是员工对 Kiva 文化以及他们如何融入 Kiva 的新世界表示担忧。” Kiva 首席财务官兼首席运营官帕姆·扬奇克·康纳利（Pam Yanchik Connealy）说，“但我们也看到，员工们积极拥抱新战略，对自己在公司的未来充满了信心。”

然而，关于 Kiva 新的定位问题尚未尘埃落定。它应该将自身视为科技企业吗？还是一个试图成为自力更生的社会企业的非营利组织？一个影响力投资者？所有这些身份真的有可能平等共存吗？只有时间能给出答案。

贾斯吉特·辛格（Jasjit Singh）

欧洲工商管理学院（INSEAD）可持续发展学教授兼战略教授。他还是欧洲工商管理学院社会影响倡议的学术主任和欧洲工商管理学院社会创业计划（ISEP）的联合主任。

点评

Kiva 有感

点评人：张超

我过去十多年从事的小额信贷，主要是以农村中年人为目标客户。他们较少使用互联网金融服务，所以我对 Kiva 这样的网络借贷平台也就关注有限，甚至觉得，这类平台在核心的风险控制方面，并没有太多值得借鉴的经验。

随着近些年来移动互联网的普及，以及农村居民的世代更替，网络借贷平台开始向农村渗透，我关注到它们日趋多元和成熟的风险控制措施。比如，有的依靠丰富的网络交易行为数据（网商贷），有的依靠庞大的线下服务网络（乡信网）……然而，Kiva 依靠当地合作伙伴的做法，似乎并不是有效的风险控制措施。而且，这实际上让 Kiva 成了贷款批发机构。它的客户是世界各地的小额信贷机构，而不是它官网上那一个个生动故事的主人公。

由于 Kiva 的批发资金要以外汇结算，并且必须每月清偿，因此 Kiva 未曾与中国的小额信贷机构开展过合作。不过，有两位美国姑娘（魏可欣和孟康妮）曾在中国开展过与 Kiva 类似的业务，她们创办了我开网（wokai.org），将从国内外募集到的资金借给本土的非营利小额信贷项目。遗憾的是，由于无法找到继任 CEO，并且面临融资压力，她们的项目在运营五年后关停。

过往这些零星获知的消息，让我在评价 Kiva 的实践时始终有所保留，但直到读完这篇案例，我才更加懂得欣赏 Kiva，并从它的故事中得到激励和启发。

首先，Kiva采用由非营利组织（NPO）持有个人有限责任公司（LLC）的混合型组织架构，由非营利组织控制运营经费，再由个人有限责任公司管理借贷资金。这兼顾了使命的贯彻和管理的透明，有助于赢得出资人的信任。与此同时，Kiva重视并创造了良好的用户体验，从而极大地动员了出资人的善意。他们管理着数十万出资人的1.5亿美元资产，而且据说，即使有30%甚至更多的贷款不能如约偿还，Kiva的出资人仍然愿意继续出资。

善意是人们开始行动的基础。而更可贵的是，Kiva并未止步于善意。在小额信贷的扶贫成效受到质疑后，Kiva尝试了向社会企业直接贷款，并成立了实验室研发和评估影响力，在不断创新中提高自身影响力的实际成效。即便出资人对此并不那么关注和理解，Kiva仍在努力地平衡出资人的诉求和对影响力的追求，这让我这样的使命驱动的从业者备受感动。

当从文中得知Kiva最后一位创始人（兼前任CEO）卸任，不免有些感慨。祝愿Kiva的新团队继续与善意和创新相伴，创造出更大的影响力。

张超

北京乐平公益基金会投资管理部执行总监。

美国慈善的八个刻板印象[①]

作者：礼来家族慈善学院
（Lilly Family School of Philanthropy）
图片：安德鲁 · 科林 · 贝克
（Andrew Colin Beck）

美国慈善在漫长的历程里形成了许多“历史悠久”的刻板印象，不太熟悉美国慈善背景的读者也许对此很少耳闻，但这却是美国公众忽视不少社会变革新问题的重要原因。刻板印象并非全无依据，因而有着很强的误导性，如果我们想有效行善，显然需要破除刻板印象，对新情况多加研究。

罗伯特 · 佩顿（Robert Payton）和迈克尔 · 穆迪（Michael Moody）在2008年的著作《慈善的意义和使命》（*Understanding Philanthropy: Its Meaning and Mission*）中，将慈善定义为“以公共利益为目的的自愿行为”（voluntary action for the public good）。按照这一定义，几乎每个人都曾参与过慈善。然而，关于慈善最大的一个刻板印象就是，它仅指富有的捐赠者赠予大笔钱财的行为，而且数额越大越好。在某种意义上，这一误解是可以理解的：大额捐赠能够获得最多的公众注意力。但这也是非常具有误导性的，它忽视了其他各种慈善行为的意义，把个人捐赠者偶像化，也未能认识到集体捐助的重要性，它让我们忽视了社会变革因何发生这一重要问题。

例如，西尔斯百货（Sears）的老板朱利叶斯 · 罗森沃尔德（Julius Rosenwald）于1917年创立了罗森沃尔德基金，来帮助美国尤其是美国南部非裔学校的发展。该基金支

① 原文选自 *Stanford Social Innovation Review*, Fall 2019 Issue，原标题为 Eight Myths of US Philanthropy。

持建立了5000家机构，希望缩小黑人与白人学生之间的教育差距。罗森沃尔德被公认为是一位慈善先驱者，但他其实并非唯一一个向《吉姆·克劳法》[①]下的教育体系进行抗争的人士，甚至在这一斗争中也并非领袖。[②]

如果我们认为只有富人的大笔捐赠才称得上是慈善，那不仅无法对像罗森沃尔德这样的慈善家的成就做出公正的评价，也会忽视许多人的贡献，这其中包括那些作为慈善受益者的个人和社区的贡献。捧高大额捐赠人，将其偶像化的做法有可能损害慈善行业发展。因此，我们需要通过严谨的研究来改善认知，重新审视假设和观点来及时纠正刻板印象，确保有效行善。

我们可以想一想，美国慈善捐赠多年未变的总体数据所产生的简单结论使我们错失了多少筹款的机会。赠予美国（Giving USA）的数据表明，多年来，美国的捐赠金额一直在GDP的2%左右。关于各个领域捐赠额的图表显示，美国人的慈善捐赠一成不变（参见第83页“美国捐赠占GDP比例”）。但是，这一结论有两个错误的前提：第一，它假设为某一项活动进行的捐赠可以和其他任何活动的捐赠互相换算；第二，它假设对年捐赠额的研究不外乎是追踪年平均值。

---

① 《吉姆·克劳法》（*Jim Crow Laws*），1876年至1965年美国南部各州以及边境各州对有色人种实行种族隔离制度的法律。

② 克莱姆森大学（Clemson University）历史学家玛丽贝尔·莫雷（Maribel Morey）在2017年为期刊《科学史与科学哲学》（*HistPhil*）撰写的文章中认为，罗森沃尔德作为慈善英雄的形象光芒盖过了其他同样为反对种族压迫进行了斗争的卓越人士。

美国捐赠占 GDP 比例

美国的捐赠自1955年以来一直徘徊在GDP的2%，但1995年之后对慈善机构的捐赠增多，而对宗教组织的捐赠处于徘徊状态。

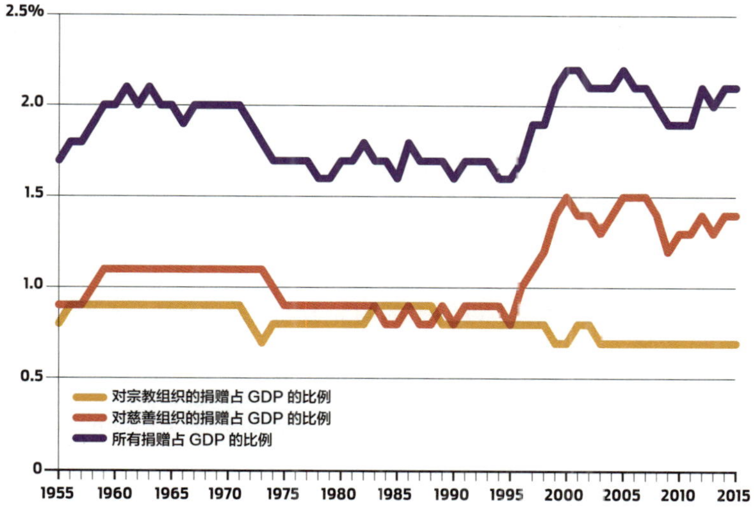

资料来源：印第安纳大学与普渡大学印第安纳波利斯联合分校，马克 · 奥托尼 · 威廉和帕特里克 · 鲁尼基于美国施惠基金会和美国经济分析局的数据计算得出。

美国的慈善捐赠其实每年都在变化。如果将所有的捐赠分为两种，即面向提供基本需求、社会服务、教育、卫生和艺术的慈善组织的捐赠和面向宗教组织的捐赠，我们会发现，向慈善组织进行的捐赠占GDP的百分比在上升，同时，向宗教组织进行的捐赠占GDP的百分比在下降（“美国捐赠占GDP比例”图表中的红线和黄线）。这并不令人意外，因为承认自己信教的美国人越来越少了。但向宗教组织捐赠额的下降也可能掩盖了另一个事实，即很多慈善组织其实都有宗教身份。

另一项错误假设就是总是同一批人在年复一年地进行捐赠。这样的推定是可以理解的，因为大多数年度调查显示，在任意年份都有大约 50% 的人口向慈善组织进行捐赠。然而，研究表明，随着时间推移，同一批人不会一直捐赠。比如，在八年的时间段内，87% 的美国人向慈善组织进行捐赠，但这些人中的 60% 是每隔一年（或更长时间）向某项具体的慈善事业捐赠[1]。虽然年度调查的数据看起来是有一半的人口在持续捐赠，但表面的数据之下实际上有许多变化发生。

这种误导性的概括对筹款人的思路产生了负面影响。要理解美国捐赠大数据之下的真相，筹款人至少需要遵循两项指导原则：第一，读慈善研究报告时，始终思考这份报告包括了何种类型的捐赠；第二，以动态的眼光看待美国捐赠。非营利组织的筹款人不但要鼓励人们捐出更多钱，还要鼓励人们提高捐赠频率。这样的转变可使慈善筹款接触到更多不同领域的捐赠者——有些捐赠者类型是之前被忽视或误解的，或是随着时间推移发生了变化的。

这不是影响了慈善捐赠的唯一一个错误认知。在本文的余下部分，我们会分析对当今美国慈善的八大刻板印象，希望通过挖掘隐藏在它们背后的细节，为所有非营利组织的筹款活动提供一个良好的开局，助力其使命实现。

刻板印象 1：宗教类捐赠数量在下降

宗教隶属和教会的参与度仍然是评估宗教机构捐赠的两个最合适的指标。礼来家族慈善学院的研究表明，最近几年，随着进行慈善捐赠的美国家庭数量的下滑，这两项指标均在下降，其中向教会捐赠的美国家庭比例从 2000 年的 46.5% 下降到 2017 年的 31%。

但是，本文作者之一、雷克信仰和捐赠研究院（Lake Institute on Faith & Giving）负责人戴维 ·P. 金（David P. King）指出，这些数字掩盖了跨信仰传统捐赠的复杂性和宗教机构的多样性。这个数字关注的是影响教会变化的大趋势，而非基于信仰的非营利活动的多样性和各类教会的具体情况，后二者体现的是一幅截然不同的图景。

在表面下降的大趋势之下，宗教捐赠的变化模式哪怕是在教会内部，也都展示出了各种不同的情形，即并非每一种都在下降。此外，如果将宗教捐赠的定义延伸至教会捐赠之外，就能看到更广泛的多样性和持续增长，证明宗教捐赠在持续下降是一个错误的认识。

首先，满足“宗教捐赠”的条件受定义所限。《赠予美国 2018 慈善年度报告》对于宗教捐赠采用了流传最广的一种定义，其中包括教会、宗教媒体和传教士组织。然而，这样的分类并未包括全美成千上万的基于宗教信仰来提供教育、社会服务或人道主义援助的组织。如果研究者仅仅把提供宗教服务和宗教类教育的实体认作宗教组织，那么他们对于宗教捐赠的定义就会是非常狭隘而单一的。

另一方面，《美国教会经济活动研究》（*National Study on Congregations Economic Practices*）表明，哪怕是采用较为狭义的定义，如“向如教堂、犹太教会堂或清真寺捐赠”，仍有 48% 的教会在过去三年中报告了预算增长，在这其中，约三分之二报告了年收入至少 10% 的增长。此外，还有 17% 的教会报告称其收入在过去三年中持平，只有 35% 的教会报告收入下降。即使向教会捐赠的家庭变少了，也并非所有的教会都经历了捐赠减少。

事实上，有很多教会获得的捐赠在增加。该研究发现向教会捐赠或许并不直接反映宗教隶属和参与度的总体下降。即使占总体慈善捐赠的百分比下降，它仍然是最大、最活跃的慈善领域之一。

其次，宗教捐赠的趋势很难用一句话描述清楚。教会内部的多样性也不容忽视。比如，《美国教会经济活动研究》发现，在基督教会中，新教教会的捐赠收入增长要高于天主教会。此外，规模较大的教会预算增长要高于规模较小的教会。教众在 250 人以上的教会，有 60% 在过去三年中报告了收入增长。此外，各个教会的捐赠模式不是单一的。宗教传统、规模、成立时间和地区背景都是重要影响因素。同时，教会领袖面对宗教依从性和参与度的转变，也会采取一些创新措施来增加收入，这也可能会激发宗教捐赠的增长。

最后，如果我们扩展宗教捐赠的定义，把教会捐赠和包括世界展望会（World Vision）、救世军（The Salvation Army）、美国天主教慈善会（Catholic Charities）、美国犹太人世界服务组织（American Jewish World Service）和美国伊斯兰教救济基金会（Islamic Relief USA）等基于宗教的非营利组织都包含在内的话，宗教捐赠可以占到所有慈善捐赠的 73%。对宗教捐赠更广义的定义显示宗教捐赠远没有下降，反而在增加。捐赠者可能把他们原本捐给教会的钱捐赠给了基于宗教的慈善组织。事实上，正如戴维 ·P. 金在其出版的著作《上帝的国际主义者》（*God' s Internationalists*）中所指出的，基于宗教的非政府组织现在已经是最大、最专业的人道主义救援提供者。2017 年，救世军收到的捐赠额达到了 14 亿美元，救世军成为全美非营利组织中第二大慈善捐赠接受方。在连续 15 年的收入持平之后，2018 年，该组织收到的现金资助上升了 5.7%。同年，另一个基于宗教的非政府组织爱心国际（Compassion International）收到的捐赠额排在第九位。在持续 17 年的现金资助额持平之后，它收到的现金资助额猛增了五倍，从 2000 年的 1.3 亿美元达到 2017 年的近 8.2 亿美元。

即使是排在美国慈善组织榜单前二十规模的宗教背景非营利组织，也表明情况要比仅向教会捐赠复杂。从拥有数十亿美元的大组织到草根非营利组织，基于宗教的机构仍然焕发着生机。美国的宗教捐赠趋势很可能在经历变化，不仅是教会之间的转移，更有从教会到各种各样的宗教非营利组织的转移。然而，宗教信仰依然是进行捐赠的一个主要推动力，无论这一动力的来源是明确的宗教传统还是更广义的精神或道德责任，它都一直在定义美国的大部分捐赠。而广义的宗教非营利机构就是这类捐赠的接受方。

刻板印象 2：女性不如男性乐善好施

越来越多的研究表明，女性在慈善事业中扮演着独特而强大的角色。在过去的40年里，女性的经济地位和社会角色的转型奠定了其在慈善事业中的位置。例如，统计数据显示，如今女性占了美国就业人员的一半，而一代人以前，这个比例还仅有三分之一。今天在近三分之二的美国家庭中，女性或者是主要经济来源，或者是和男性一起供养家庭。此外，未婚女性数量显著增加：美国今天有 40% 的 25 岁以上女性处于未婚状态，2007 年出生的儿童的母亲有 40% 未婚，这个比例创下了历史新高。

女性的社会经济角色发生了巨大变化，这对慈善捐赠也产生了影响。配偶的受教育程度、收入水平或对理财的熟悉程度决定了其对财务决策拥有更强的控制。由于这些因素，出现了更多由女性领导的非营利组织和资助项目，女性在慈善领域中起到越来越重要的作用。

女性慈善研究院（Women's Philanthropy Institute）的黛布拉·梅施（Debra Mesch）和安德莉亚·派克特（Andrea Pactor）指出，影响慈善捐赠最重要的因素包括受教育程度、收入和个人资产。如果将这三点作为考量因素的话，女性进行捐赠的意愿和捐赠的金额都比男性要高[2]。男性和女性的不同捐赠动机在某种程度上可以解释这些研究发现。总体来说，女性比男性更愿意参与社会活动，研究者将此归因为女性帮助他人的动机更强烈。

女性拉动更多妇女参与慈善合作的历史由来已久。比如，石油大亨哈罗德森·亨特（H. L. Hunt）的女儿斯瓦内·亨特（Swanee Hunt）和海伦·亨特（Helen LaKelly Hunt）共同创建了一个名为"女性移山"（Women Moving Millions）的非营利组织。自 2007 年成立以来，该组织已经动员全球 300 多名成员共捐赠了 6.5 亿美元，用于妇女和女童领域。

此外，女性正在和男性一样给出大笔捐赠。"百万美元以上"榜单（Million Dollar List）显示，2000 年至 2016 年，女性个人单笔超过 100 万美元的捐赠共有 1686 笔，占所有女性个人捐赠的 31%。美国现代艺术博物馆（Museum of Modern Art）荣誉退休馆长阿格尼丝·冈德（Agnes Gund）与福特基金会于 2017 年合作创立了艺术促进公正基金（Art for Justice Fund）[3]，并且把她出售自藏的罗伊·利希滕斯坦（Roy Lichtenstein）作品所得的 1 亿美元捐给了该基金。黑人娱乐电视台（Black Entertainment Television）联合创始人、萨拉曼达酒店度假村创始人兼 CEO 希拉·约翰逊（Sheila Johnson）自 2003 年以来，共捐赠了 1300 万美元支援高等教育和社会服务工作。

亚马逊创始人贝佐斯的前妻麦肯齐·贝佐斯（MacKenzie Bezos）加入了"赠予誓言"（Giving Pledge），承诺将她获得的来自亚马逊的360亿美元财富的一半用于慈善。在她宣布这一承诺的信中，她写道："我会一如既往地用心做好慈善。做慈善需要时间、行动和细心。但我不会等待，直到用尽我最后一分钱。"

"贝佐斯女士的慈善观是女性参与慈善捐赠的一个代表。"梅施说，"女性对慈善事业充满激情、责任心强，是忠实的捐赠者。当非营利组织能够有效地调动女性成为捐赠者和志愿者时，这通常意味着能够培养出长期的关系。"

此外，在美国75%的家庭和50%的高净收入家庭中，伴侣会一起做出日常捐赠的决定。对于非营利组织从业者来说，这传达出一条非常重要的信息：要在家庭募捐的过程中给予女性配偶高度重视。一位银行CEO给我们讲述了一个具有警示意义的故事：他妻子给一家非营利组织捐款，但是这家组织把感谢卡寄给了他；此后每一次他妻子捐款，感谢卡都是寄给他；最终，他妻子决定，不再向这家非营利组织捐款。

刻板印象3：移民不捐赠

今天，通过合法渠道进入美国的移民获得签证和绿卡面临着越来越多的障碍，获准进入美国的移民数量在减少，政府还部署了现役部队来守卫美墨边境。这些举措背后都是基于一种仇外情绪的固定观念，那就是移民只索取不捐赠。但本文作者之一、梅斯家族多元慈善研究院（Mays Family Institute on Diverse Philanthropy）副院长乌娜·奥斯礼（Una Osili）的研究表明，进入美国的移民以多种方式回馈社会，规模并不亚于在美国本土出生的成员。

收入动态小组研究（Panel Study of Income Dynamics，简称 PSID）所属的慈善小组的研究数据显示，在加入固定收入、受教育程度、储蓄状况等控制变量后，移民身份并未对捐赠意愿和捐赠金额产生具有统计学意义的影响。此外，在美居留时间与移民的慈善捐赠参与度成正比。随着时间推移，移民的慈善捐赠参与水平和模式会越发显示出美国本土公民的特征，移民家庭接受政府和非政府来源的援助也越来越少。统计数据表明，移民及其子女较少成为美国机构的负担。

截至 2016 年，41% 的美国移民来自拉丁美洲国家。拉美裔移民在 2015 年共向他们的母国汇出了 680 多亿美元，在数量上超过了其他移民族群。拉美裔移民也向所属的教会和“互助组织”捐款，这些组织为移民社区和拉美裔社区提供互助。凯洛格基金会（W.K. Kellogg Foundation）的报告显示，有 63% 的拉美裔家庭向慈善组织捐赠，而全美家庭的总体捐赠比例只略高于 50%。礼来家族慈善学院的博士生吉米 · 古德温（Jamie Goodwin）的研究发现，即使移民们不向慈善组织捐款，也会以各种方式支持慈善事业，进行回馈。例如，古德温观察到，移民们共享食物，帮助彼此找到顺路车，寻找工作，照顾孩子和病人，等等。其他研究也发现了同样的模式。[4]

这些数据和事例强调了不同族裔有不同的慈善捐赠模式，理解这一点很重要。慈善机构服务组织（Philanthropic Service for Institutions）负责人莉莉娅 · 瓦格纳（lilya Wagner）认为，研究移民捐赠的发展前景有助于多文化交流、管理和筹资，找到之前被忽视的资源。美国人口普查局预测，到 2044 年，美国会成为少数族裔人口占多数的国家，因此非营利组织应该学会适应这一趋势，让更多移民社区参与到慈善筹资中。

刻板印象 4：非裔美国人是一股新兴的捐赠力量

以慈善为主题的会议和媒体报道经常将非裔美国人描述为捐赠圈中的“新力量”。它的隐含意思是，作为美国人口的一个重要组成部分，黑人过去没有涉足慈善捐赠，然而现在却突然开始了捐赠行为。

本文作者之一蒂龙 · 弗里曼（Tyrone Freeman）指出，非裔美国人参与慈善捐赠已经有数百年的历史了。历史上知名的非裔慈善家包括詹姆斯 · 福顿[①]、约翰 · 麦克基上校[②]、C. J. 沃克夫人[③]、安妮 · 马隆[④]等。美国路易斯安那州新奥尔良市的托米 · 拉丰（Thomy Lafon）是出生于 1810 年的有色自由人，资助了美国反对奴隶制团体、地铁建设和当地的慈善机构。据福布斯的数据，著名脱口秀主持人奥普拉 · 温弗瑞已经向南非捐赠了 4000 万美元建设一所女童学校，她向教育事业捐赠的款项总共达 4 亿美元。此外，

---

① 詹姆斯 • 福顿（James Forten, 1766年9月2日—1842年3月4日），美国宾夕法尼亚州费城的非裔美国人、废奴主义者和富裕商人。

② 约翰 • 麦克基上校（Colonel John McKee, 1821—1902 年 4 月 6 日），一位非常富有的非裔美国人，他的遗产继续为孤儿男孩提供奖学金。

③ C. J.沃克夫人（Madam C.J. Walker, 1867年12月23日—1919年5月25日），原名为萨拉 • 布雷德洛夫（Sarah Breedlove），是一名非裔美国企业家、慈善家以及政治和社会活动家。她在1919年去世时被认为是美国最富有的非裔美国女商人和最富有的白手起家的女人。

④ 安妮 • 马隆（Annie Malone, 1877 年 8 月 9 日—1957 年 5 月 10 日），非裔美国女商人、发明家和慈善家。她是最早成为百万富翁的非裔美国妇女之一。在 20 世纪的前 30 年中，她创立并发展了一家大型商业和教育企业，其业务重点是为非裔美国女性提供化妆品。

很多国立非裔美国人历史和文化博物馆的最高额捐赠保持者都是非裔美国人，包括温弗瑞、罗伯特 · F. 史密斯[①]、肯尼斯和凯瑟琳 · 钱纳特夫妇[②]、富兰克林 · 雷恩斯[③]和丹妮丝 · 格兰特夫妇。

城市研究所（Urban Institute）的数据显示，在过去十年中，非裔美国家庭财富中的慈善支出比例比其他种族的家庭都要多。非裔美国人的捐赠大部分捐给了黑人基督教会。黑人教会一直是教导人们了解慈善捐赠意义的一个首要途径，也一直把非裔美国人作为捐赠者来对待和尊重。非裔美国人以教会为基础建立了捐赠机制，支持宗教生活、呼吁自由和平等的社区行动。有关非裔美国人捐赠的唯一“新兴”的现象是最近大型非营利组织对有色种族捐赠者的兴趣变高了。如果非营利组织确实想要认真发展多元种族社区，

---

① 罗伯特·F. 史密斯（Robert F. Smith，生于1962年12月1日），美国亿万富翁商人、慈善家、化学工程师和投资银行家。他是私募股权公司Vista Equity Partners的创始人、董事长兼首席执行官。2018年，史密斯被《福布斯》评为美国第163名最富有的人，全球亿万富豪榜排名第480位，净资产为67亿美元。他在2019年PitchBook私募股权奖中被评为“年度执行官”。该奖项认可了史密斯捐赠3400万美元的承诺，以消除莫尔豪斯学院（Morehouse College）2019届学生的贷款，该奖项指出“即使在私人股本高管的慈善捐赠司空见惯的世界中，这一姿态仍然卓越”。在2018年，《福布斯》封面故事宣布史密斯超越奥普拉·温弗瑞成为最富有的非裔美国人。

② 肯尼斯·钱纳特（Kenneth Chenault，生于1951年6月2日），是美国企业高管。从2001年到2018年，他一直是美国运通（American Express）的首席执行官兼董事长。他是《财富》500强公司的第三位非洲裔美国首席执行官。凯瑟琳是他的妻子。

③ 富兰克林·雷恩斯（Franklin D. Raines，生于1949年1月14日），是联邦全美抵押协会（Fannie Mae）的前董事长兼首席执行官，曾在克林顿总统任内担任白宫预算主任。他领导的房利美受到严格审查。《时代》杂志称他为“金融危机的二十五人”之一。

那就必须集全体之力促进多样化和包容性，投入时间、资源和精力来挖掘、征集和引导黑人捐赠者，尊重他们的意志，将非裔美国人更广泛的历史和文化背景作为制定战略的重要因素。

刻板印象 5：千禧一代不关注慈善

综合社会调查（General Social Survey）和美国劳工统计局（Bureau of Labor Statistics）等全国性调查都反映出参与慈善捐赠、志愿服务、投票选举、宗教性质社会活动以及其他形式的政治和公民活动的年轻人在减少。本文作者之一帕特里夏·斯内尔·赫尔佐格（Patricia Snell Herzog）的研究就显示出，在 20 多岁和 30 多岁的人群中，不进行捐献的比例远高于 40 岁以上人群中的比例。

然而，如赫尔佐格指出的，随着时间推移，年龄组别之间的差别逐渐变得复杂。审视年龄组别的变化，需要注意两个重要社会特征的互相影响：代际群体和生命阶段。代际群体包括千禧一代和婴儿潮一代等群体，他们的特征受到出生年份中发生的重要社会事件影响。比如，婴儿潮一代成长于越南战争时期，而千禧一代成长于“9·11”事件之后。

但很多此类研究关注的不仅是代际群体。在比较同一时间点出生的年龄群体时，生命阶段也是年龄类别的重要特征。这包括研究中所涉及人群是处于成年晚期、成年早期还是成年初显期，后者的定义是结婚和买房等成年期传统标志的延迟出现。

在调查参与率随时间推移如何变化的研究中，有些学者发现，存在“追赶效应”，即较年轻的代际群体在成年晚期的参与率达到甚至超过了更年长的代际群体。比如，社

各年龄段非捐赠人口的比例

20 多岁和 30 多岁的美国人比较年长的美国人捐赠欲低。

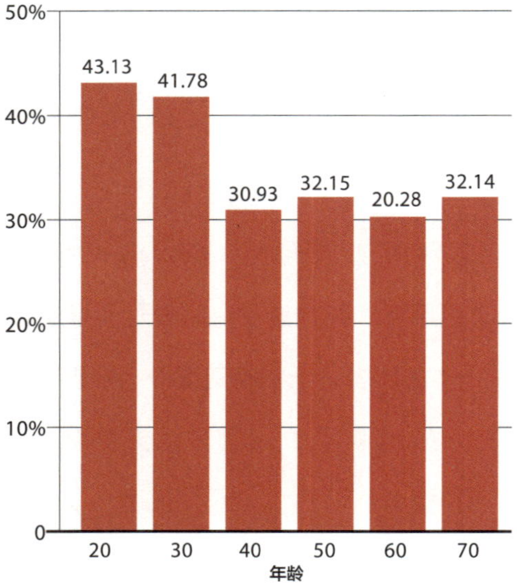

资料来源：根据慷慨程度的民意调查结果计算

会科学学者康斯坦斯·弗拉纳根（Constance Flanagan）和彼得·莱文（Peter Levine）发现，每个较年轻的代际群体刚开始的时候参与投票的比例都比较低，但是到具有投票资格（即进入更年长的生命阶段）之后的第八次选举，投票率就差不多有70%了。换言之，参与率的差距随着时间的推移在缩小。

很多关于年轻人参与的标准调查都关注其对非营利组织的捐赠，但对于今天的年轻人来说，这一特征变得不再那么有意义。比如，综合社会调查询问受访者在上一个自然年中“是否通过一家非营利组织提供过任何志愿服务”，其使用的社会资本指数包含14个项目，其中有4项是与慈善组织明确挂钩的，其他多个项目的内容也与参与组织的程度相关（例如“过去一年中参加了多少俱乐部活动”和“成为多少群体的会员”）。

“成年初显期”这一提法出现后，千禧一代是与之对应的、向成年过渡的第一代人。这些成年人及其后辈参与慈善的动力较少来自对某个具体组织的持续承诺，而更多来自对于某项事业或某个社会问题的情境性参与。年轻人中的这种趋势并非仅限于美国。比如，蒙特利尔魁北克大学（University of Quebec）的研究者安妮·奎纳特（Anne Quéniart）发现，所有作为研究对象的年轻人都认为某项事业、社会问题本身比从属于某个具体组织更重要。俄勒冈州立大学（Oregon State University）的研究者理查德·谢特斯丹（Richard Settersten）以及传播和政策专家芭芭拉·雷（Barbara Ray）发现，年轻人正在新媒体上展现出一种新的活动模式，这种模式会带来更迅速、更分散式的参与。

了解这些行为趋势后，想要吸引年轻人的慈善组织可能需要重新审视一下自己在互联网上的宣传方式，给组织的视觉效果和文字进行一次“整形手术”，以便给年轻人提供直接的参与感，吸引访问者更深入了解它们的网站和使命。

刻板印象6：小笔捐赠无关紧要

今天，慈善领域的专家们都在宣传大额长期捐赠对规模化革新的重要性，这很容易让人以为，小笔捐赠无关紧要。

然而，在紧急人道主义救援和减灾领域，规模化的改变意味着更加迅捷地应对整个城市和整个州的最紧迫需求，把小笔捐赠汇聚成拯救生命、阻止灾难和修缮基础设施的生命线。此外，向非营利组织进行小笔捐赠也是捐赠者了解一个组织的一种方式。小笔捐赠可以建立起长久的纽带关系，比如可以通过月捐建立系统性支持。

2017 年飓风“哈维”袭击了得克萨斯州墨西哥湾海岸后，有 100 多万人向美国红十字会进行了单笔 100 美元以下的捐赠，这笔总额高达 3500 万美元的款项支持了紧急住房需求、食物、救济物品、基本医疗卫生服务和精神卫生服务。这些捐赠还使红十字会能够为家庭提供经济援助，并致力于长期的灾后重建。

2015 年的尼泊尔地震使 9000 人丧生，22000 人无家可归。而在地震发生的三周之后，人道主义救援和发展机构美国世界展望会（World Vision US）就从 42000 名个人捐赠者手中筹集了 720 多万美元，平均每人捐款 171 美元。这些钱被用于重建住宅、学校、医院和民用基础设施，还用于负担临时安置所、临时学校和医疗设施的费用。“这些小笔捐赠汇集成重要而灵活的资金，使我们能够及时应对幸存者的紧迫需求。”美国世界展望会主管基金和紧急援助的高管德鲁 · 克拉克（Drew Clark）说。他当时在尼泊尔负责救灾行动。

美国世界展望会、美国红十字会和其他非营利组织都发现，捐赠者对社会事业的资助通常从小笔捐赠开始，逐渐扩大数额。比如美国世界展望会的长期支持者戴夫 · 多恩西夫（Dave Dornsife）和达娜 · 多恩西夫（Dana Dornsife）第一次向该机构捐款是在 20 世纪 80 年代，参与资助儿童的月捐计划，当时每月捐赠了 20 美元。戴夫之后和美国世界展望会一起去了非洲，亲眼看到了捐款在这里产生的效果。从 2011 年至 2015 年，多恩西夫夫妇总共向该组织提供了 3500 万美元配捐，以改善 10 个非洲国家的清洁饮用水、个人卫生和环境卫生条件。这些资助催生了2.56亿美元的总捐款，使860万人从中受益。2018财年，美国世界展望会共筹集了2.43亿美元的此类捐款，占该组织用于帮助贫困社区改善卫生、教育和经济状况的现金支出的60%。

刻板印象7：捐款投资基金占用了慈善资金

已经开始执行的2017年美国联邦预算法案，要求资产超过每名全日制学生50万美元的高等院校对捐款投资基金的年收益缴纳1.4%的消费税。虽然只有35所高校超过了这一门槛，但新法打开了一扇门，以后联邦政府也可能通过设置新的免税门槛，来向其他非营利组织征税。

这项提案激起了慈善部门的广泛抗议，反对意见列举了捐款投资基金在资助长期固定投资方面所起到的作用，包括研究、基础设施、人力资源、信息技术和财务系统、薪资、奖学金、补贴或为有需要人群获取社会服务所提供的补助金等。问题的核心是，捐款投资基金是否占用了本可以用来使非营利组织更好地实现长期计划、推动其使命发展的资金。

有些意见认为，回答这个问题的关键是，多大规模的捐款投资基金算“太多”？一些捐款投资基金的规模的确很大，例如哈佛大学的捐款投资基金超过了390亿美元，而美国排名前50的基金会总共有8900亿美元的资产，对此有理由质疑，与慈善项目相关的支出是否能赶上基金增长的速度。其他批评者则指向了一些用途奇特且具有歧视性的专用资金，比如以著名巧克力制造商密尔顿·赫尔希的名字命名的密尔顿·赫尔希学校有一项信托条款，规定该学校只为“贫困且健康的白人男性孤儿”提供宿舍。该条款直到 1970 年才被废除。

但是，很多捐款投资基金能让草根组织的运作长期保持稳定和灵活。福特基金会在聘用布里吉斯潘集团（Bridegspan Group）评估其资助项目时，发现福特基金会的一多半资助对象都处于频繁或长期的财务赤字中，40% 的受助机构在银行仅有不到三个月的现金储蓄。这使得他们依赖于福特基金会每年的项目资助，而这类资助条款限制了受助机构为留住高素质员工、保持高质量项目的基础设施而进行投资。为改善这种情况，福特出台了一个名为“建设机构和网络行动”的财务稳定资助项目：该项目用 10 亿美元资助 300 个社会公正组织的长期能力建设和可持续发展。

位于印第安纳波利斯的礼来捐赠基金（Lilly Endowment）也发现，有必要通过建立捐款投资基金来提供大笔捐赠，保持非营利组织的财务稳定和抗风险能力。比如，2017 年，当地的一家饥饿救助机构“第二帮助”（Second Helpings）收到了来自礼来基金会的 750 万美元捐赠。2015 年以来，礼来基金会共向 49 个组织捐赠了 3.28 亿美元，这是其中一笔。“第二帮助”用其中的 680 万美元建立了专款专用基金，并将其余的钱投入到基础设施建设中，包括升级车队、技术和设备。“这笔捐赠专门用于维护机构的可持续性……确保可以为社区提供资源。”“第二帮助”的 CEO 詹妮弗·维格兰（Jennifer Vigran）在谈到礼来基金会的捐赠时说道。

捐款投资基金所产生的收入可以帮助非营利组织安然度过政策变化期和周期性的补助波动，也可以资助一些并不耀眼但至关重要的机构能力，比如财务和人力资源。

刻板印象 8：乐善好施的人都是利他主义者

非营利组织总是在想方设法激发人们的捐赠热情，时常使用诸如瘦弱的狗狗、生病儿童的照片，抑或发送定制邮件来唤起善意帮助。但事实上，个人进行捐赠并不仅仅是因为他们的慷慨，还有其他一些利己性和（或）社会性动机，比如为了税收优惠进行捐赠，或者某一个组织是捐赠者崇拜的某个社会企业家所领导的。还有一些人进行捐赠是为了提升社会地位，比如通过在大楼上镌刻名字来使自己永垂不朽——这在医院、高校、图书馆和博物馆等建筑物中非常常见。

本文作者之一莎拉 · 康拉特（Sara Konrath）一直在收集数据，研究自我意识强的人如何捐款、为什么更有志于捐款[5]。近些年有很多受自恋情绪驱动而进行捐赠的例子。比如，2014 年夏天，社交媒体上出现了为肌萎缩侧索硬化症（ALS）研究筹款的冰桶挑战。大约 1700 万名参与者在脸书上发布了冰桶挑战的视频，获得了 4.4 亿人的 1000 多万次点击，筹得的捐款比前一年同期增长 35 倍，达到了 1.15 亿美元。

康拉特和她的学生对 9000 名美国人做了问卷调查，了解他们参与冰桶挑战的情况。[6] 该项研究请受访者给自己的自恋倾向打分，分数为 1 ～ 7 分，7 分最高。34% 的受访者给自己打了 4 分以上。这其中包括 44% 的千禧一代，他们在所有受访代际群体中拥有最高的“自恋分数”。

此外，研究还表明，具有自恋倾向的人在参与这项行动时，虽然有可能提高了意识，但不一定就因此促进了筹款。自恋评分较高的人更可能在社交媒体上发布自己参与冰桶挑战的视频，但后续捐款的可能性更小。同时，较不自恋的人更可能捐款，却不太可能发布视频秀出自己的行为。

这些发现可以给正在寻求公众支持的非营利组织一些启示。例如将自恋倾向人群的动机作为倡导策略的一部分，在社交媒体上构建机构形象的同时，提升人们对一项慈善事业的意识。同样，非营利组织的从业者可能需要有策略地提供志愿服务机会，通过建立参与渠道联结起自恋动机人群，既满足非营利组织自身需要，也为志愿者带来重要的职业人脉、社交媒体关注或其他社会利益。

每一代人都有其独特的慈善捐赠方式。筹款人可以定期在捐款人中做调查，了解他们的动机，以此为基础制定从大笔筹款到小笔捐赠的各种策略，采取能够吸引各种动机人群的方式来实现慈善目标。

走出刻板印象

刻板印象的持续存在是因为它们具有实用性。我们试图用它们来节省沟通时间，确认我们和其他人的思维在同一条轨道上。它们并非全无根据，其实是我们用来沟通合作的工具。因此，仔细审视它们，找到它们所忽略的事实，发现它们的过时陈旧之处，是非常重要的。在收集论据、走出刻板印象的过程中，我们已经看到了在实践中更好地去理解善行的方式。

同时，我们对于慈善的来源及其动力的研究还很欠缺。除了财物捐赠之外，还有很多其他的慈善方式，比如志愿服务、倡导、关爱他人，以及企业社会贡献、社区和国家服务等各种不同的组织形式。而这些慈善行动的数据收集体量甚至无法和最细微的商业性决策数据体量相比。

我们在勾勒人类慷慨之心的原动力，以及其表达形式和动机所带来的主观和客观结果上才刚刚起步。想想那些古代的地图，使用神话动物来表达所包含的有限信息，赋予了一张羊皮纸更多的意义。我们的慈善地图依然处于这个使用神话动物的阶段，我们作为学术研究者、筹款人和从业者的工作就是找出它们，看看数据和论据把我们引向何方，哪怕它们会动摇已经做出的承诺。我们要准备好被证明是错的，认识到反思也许可以打开一个全新的视角，这需要我们拥有能够催生新方法的冒险精神和好奇心。

谈到那些“历史悠久”的刻板印象，美国人往往对慈善的广度和深度抱有一种“美国例外论”观点。但是，如本文作者之一帕玛拉·维普金（Pamala Wiepking）所指出的，尚未有数据证明美国一定是独特的，或者美国人的慷慨之心引领全世界。比如美国慈善援助基金会（CAF America）和盖洛普公司（Gallup Organization）的调查数据显示，印度尼西亚在公民参与方面排第一，而缅甸公民参与捐赠行为的比例是全球最高的。

大多数“慷慨指数排名”中总体名次较高的国家都是讲英语的国家，比如美国、英国、加拿大、澳大利亚和新西兰。但这也引起了人们的思考，究竟是讲英语的国家在帮助他人、捐赠和志愿服务方面确实比其他国家慷慨，还是问卷中所提的问题和所使用的语言更容易被这些国家的民众理解呢？在研究其他国家的慷慨之心时，这些问题本身是否恰当呢？

这个例子表明，我们在本文中提到的八个刻板印象，只是冰山一角。对慈善的刻板印象在全世界都存在，未来的慈善研究可以以此为对象，提供更多有用的知识。

对于慈善部门来说，更加紧迫且实际的是，不要仅凭简单的假设或本文所述八个领域的刻板印象来制订行动计划。消除错误认知在任何一个通过学习谋求进步的领域都是一项重要的技能。慈善领域提升认识、有效行善的未来是光明的。

注释

1 Patrick Rooney, Mark Ottoni-Wilhelm, Xiaoyun Wang, and Xiao Han, "Dynamics of American Giving: Descriptive Evidence," working paper, Indiana University Lilly Family School of Philanthropy, 2019.

2 Debra J. Mesch, Patrick M. Rooney, Kathryn S. Steinberg, and Brian Denton, "The Effects of Race, Gender, and Marital Status on Giving and Volunteering in Indiana," *Nonprofit and Voluntary Sector Quarterly*, vol. 35, no. 4, 2006. Patrick M. Rooney, Debra J. Mesch, William Chin, and Kathryn S. Steinberg, "The effects of race, gender, and survey methodology on giving in the US," Economics Letters, vol. 86, no. 2, 2005.

3 Kathleen E. Loehr, *Gender Matters: A Guide to Growing Women's Philanthropy*, Washington, DC: CASE, 2018.

4 Bradford Smith, Sylvia Shue, Jennifer Lisa Vest, and Joseph Villarreal, *Philanthropy in Communities of Color*, Bloomington, Indiana: Indiana University Press, 1999.

5 Jean M. Twenge and W. Keith Campbell, *The Narcissism Epidemic: Living in the Age of Entitlement*, New York: Atria Books, 2010.

6 Sara Konrath, Meng-Han Ho, and Sasha Zarins, "The Strategic Helper: Narcissism and Prosocial Motives and Behaviors," *Current Psychology*, vol. 35, no. 2, 2016.

本文贡献者来自印第安纳大学礼来家族慈善学院，包括：

里恩·本杰明（Lehn Benjamin），慈善研究和公共事务副教授；

阿米尔·帕斯克（Amir Pasic），欧仁·R. 坦佩尔院长，慈善研究教授；

蒂龙·弗里曼（Tyrone Freeman），本科项目负责人，慈善研究助理教授；

帕特里夏·斯内尔·赫尔佐格（Patricia Snell Herzog），梅尔文·西蒙主席，慈善研究副教授；

戴维·金（David King），雷克信仰和捐赠研究院卡林·雷克·巴特里项目负责人，慈善研究助理教授；

莎拉·康拉特（Sara Konrath），博士项目教师顾问，慈善研究副教授；

黛布拉·梅施（Debra Mesch），妇女慈善项目艾琳·兰姆·奥加拉主席，慈善研究教授；

乌娜·奥斯礼（Una Osili），梅斯家族多元慈善研究院研究和国际项目分管副院长，经济学和慈善研究教授；

马克·奥托尼-威尔海姆（Mark Ottoni-Wilhelm），印第安纳大学-印第安纳波利斯普渡大学经济学教授，礼来家族慈善学院委任教授；

安德莉亚·派克特（Andrea Pactor），妇女慈善研究院代院长；

帕特里克·鲁尼（Patrick Rooney），学术项目执行副院长，经济学和慈善研究教授；

吉纳维芙·夏科尔（Genevieve Shaker），慈善研究副教授；

帕玛拉·维普金（Pamala Wiepking），国际慈善项目斯特德家族客座主席，慈善研究客座副教授。

同时，感谢艾比·罗兰德·普莱斯（Abby Rolland Price）和凯蒂·史密斯·米尔维（Katie Smith Milway）在本文撰写过程中提供的帮助。

点评

偶像化大额捐赠人的现象正在伤害慈善行业

点评人：黎宇琳

在《美国慈善的八个刻板印象》一文中，作者站在批判的立场上分析了不少美国慈善的问题，部分问题同样值得中国慈善人士深思，比如：

关于慈善最大的一个刻板印象就是，它仅指富有的捐赠者赠予大笔钱财的行为，而且数额越大越好。在某种意义上，这一误解是可以理解的：大额捐赠能够获得最多的公众注意力。但这也是非常具有误导性的，它忽视了其他各种慈善行为的意义，把个人捐赠者偶像化，也未能认识到集体捐助的重要性，它让我们忽视了社会变革因何发生这一重要问题。

这一刻板印象在中国同样存在，在读到此文之前，我甚至没有清晰意识到这一问题的存在。自2008年汶川地震以来，中国慈善飞速发展，这自然离不开一个又一个大额捐赠者的慷慨解囊，如果没有他们为一个新生且贫乏的行业注入资源，中国慈善行业不会发展到如今的规模。但是，大额捐赠者的重要性是否已经被过度强调，以至于我们在某种程度上忽视了更多慈善相关方的声音与贡献了呢？我们是否已经不知不觉间把富豪慈善家偶像化了呢？我想答案都是肯定的。但偶像化富豪慈善家的现象方兴未艾，还远未达到顶峰。

卓明灾害信息服务中心创始人郝南曾在接受采访时表示，目前大部分基金会没有表达出很强的解决问题的积极性。或者说，是不是大家已经习惯了我是资方，是资金的上游，我就高人一等？

不少基金会的“资方心态”是目前中国慈善过于强调大额捐赠者的具体表现。如郝南所说，当拥有资源的基金会（或个人）表现出高人一等的姿态，把执行型的公益机构视为“伙计”而非“伙伴”的时候，各种慈善行为的意义就被稀释了——我们清楚地知道，以当今中国社会的复杂性，金钱是远远不足以解决问题的。

事实上，在中国慈善经历了十余年的黄金发展期之后，是时候对这个行业的刻板印象和认知误区进行有效反思了，如果缺了这一步骤，这个行业就很难再上一个台阶。

因公民社会理念的长久缺位，中国社会里“恩赐”文化仍然十分盛行。遇到危难之事，人们往往希望政府或富人能“大发慈悲”救济贫苦百姓。这样的救济，在不少公众的印象中应该是免费的、无偿的、不图回报的，甚至是不计成本的。近年中国慈善界流行的“不收管理费”，其背后的隐喻就是上位者的恩赐。其实所有人都知道，执行慈善项目是会产生成本的。但在不少人看来，这些成本普通捐赠者没有义务去承担，那谁来承担呢？政府或是富人。

是时候破除这样的刻板印象了。

黎宇琳

自媒体“公益资本论”创办人。

侨民：潜在的“移动创新者”①

作者：詹妮弗·布林克霍夫（Jennifer M. Brinkerhoff）
本杰明·格雷厄姆（Benjamin A.T. Graham）
插图：丽思·冯（Lisk Feng）提供

随着全球移民数量的不断扩大，移民的协作和创业者精神已经成为支撑全球商业运作的主旋律。富于创业者精神的移民可以充当跨国经纪人的角色，将国家、经济和资源连接起来，他们有机会搭建一个具有企业家精神的移民社会网络，在全球化经济中发挥强大的力量。

“我知道你们期望我说，回家吧！但我不会这么做。我没有工作可以提供给你们。请在这儿继续工作，把钱寄回家。”[1]

这是2004年，时任赞比亚总统的利维·姆瓦那瓦萨在访美时对美国侨民的讲话。《美国新闻与世界报道》（*U.S.News&World Report*）推送了一篇题为《“人才外流”持续，撒哈拉以南非洲地区熟练劳动力大量流失》的专题文章，聚焦非洲国家无法留住熟练劳动力的现状。

发展中国家是否只能靠来自移民的跨国汇款，听凭人才外流？是否有一条让移民能够返回家乡或者短期停留，从而创造新的经济增长机会？

在美国西北大学求学期间，菲律宾显赫政治世家成员弗朗西斯·劳雷尔（Francis Laurel）与吉田忠弘（Tadahiro Yoshida）成了密友。吉田忠弘的父亲在日本拥有一家拉链公司。在获得MBA（工商管理硕士）学位几年后，两个人共同创建了现在的YKK拉

---

① 原文选自 *Stanford Social Innovation Review*, Fall 2019 Issue，原标题为 Mobile Innovators。

链产品集团，在日本和菲律宾开展业务。1977 年，两人刚开始合作时，菲律宾还不是全球制造商的主要目的地。如果没有在商学院建立的人脉关系，吉田很可能不会选择在菲律宾投资；而如果没有劳雷尔在菲律宾的人脉和政治关系，两人的合资企业也不太可能得以幸存。今天，市场上已经很难找到其他品牌的拉链产品了。随着全球移民数量的不断扩大，跨国公司的海外投资对全球经济的重要性与日俱增，移民的协作和创业者精神已经成为支撑全球商业运作的主旋律。

我们的研究证实，侨民（与自己的祖国保持着联系的移民及其后代）在充当跨国经纪人的角色过程中具有显著优势：他们可以充当值得信赖的中介机构，在他们的祖国与居住国之间协调各方关系，联络相关人群，整合来自双边的资源和机构。通过将当地官员与包括技术专家在内的海外资源联系起来，侨民可以从内而外发挥作用，促进其母国政府主导的机构改革；也可以由外向内发挥影响力，通过帮助跨国公司从外部投资母国。

有关欧洲和美国的移民危机的讨论，一直以来集中在如何妥善安置移民融入新的居住国的短期困难上。但是新的研究则主要集中于那些自主选择移民的人，而不是那些被迫离开祖国的人。研究结果进一步揭示了移民给其祖国和新居住国带来的意想不到的好处。研究结果甚至指出，因政治冲突或时局动荡而被迫离开的移民，最终也可以产生这样的效益。当叙利亚、利比亚和委内瑞拉等国家在暴力和政治动荡之后寻求重建经济和政治体制时，移民们可能恰恰是他们祖国最大的资源。随着这些移民中的一些人选择在他们的原籍国和新移民国之间建立新的联系，这些移民也可以为其居住国的公司和其他利益相关者提供机会。

侨民的“中间优势”

詹妮弗 · 布林克霍夫（本文的合著者之一）的研究课题是侨民个人，而不是侨民群体，如何能对其原籍国家产生深远而持久的影响，特别是促进体制性改革以及政府、经济运作方式的变革。她的调研对象包括埃及、埃塞俄比亚和乍得的侨民，并对其中一些人进行了长达 15 年的追踪记录。本杰明 · 格雷厄姆（本文的另一位合著者）针对侨民在跨国公司中的角色进行了类似的研究。他的团队采访了菲律宾和格鲁吉亚的 400 多家跨国公司的经理，并将侨民所拥有和管理的企业与其他的外国企业进行比较。下面是两位作者的研究结果。

侨民是全球经济的有力参与者。在母国和居住国的生活经历会让他们在所到之处都建立起个人关系网。多个国家的生活经历铸就了他们的语言能力、文化适应性、对机会的敏感度以及最为重要的社会关系。布林克霍夫将其称为“中间优势”：侨民自身的经验让他们得以认同、理解母国和居住国，又同时获得了在两地连接人、资源和机构的相关能力。[2] 这些优势不仅体现在第一代移民身上，而且还体现在与他们母国保持着密切联系的子孙后代身上。

那些选择移民的人总体来说比我们其他人更具创业者精神。他们倾向于充满好奇心、雄心勃勃，对于不确定性、挑战和风险更具容忍力，甚至会被这些因素所吸引。例如，出生于乍得的吉米 · 阿杜姆（Djimé Adoum）年轻时就表现出了领导力、自信、好奇心和勇气，为此他的父亲决定送他去当地新开设的法语学校，而不是可兰经学校上学。吉米的父亲告诉他：“在法语学校认真上课，看看其中有什么适合你的。”阿杜姆最终获得了马里兰大学的农业经济学博士学位。他相信自己有能力在祖国和广大的非洲地区实现经济和政治变革，后来他离开了令其事业有成的美国农业部，回到乍得成为农业和灌溉部的部长。

移民在居住国的经历有助于创业精神的培育。移民们由此树立了信心和信念，相信自己可以改变周围的世界。出生于埃塞俄比亚的赫诺克 · 阿塞法（Henok Assefa）没有想过，有一天会在自己的祖国领导一家国家性机构。他在布鲁克林商会的工作帮助他增强了信心和专业知识，他后来成为埃塞俄比亚商会的副秘书长，并最终创立了位于亚的斯亚贝巴的精确咨询国际（Precise Consult International）公司。

大多数创新发生在既有权力结构的边缘。这意味着创业者们可以在不对这些权力结构构成威胁的情况下，发展自己的创新。侨民可以根据创新所需的策略，选择“循规蹈矩”或者不按常理出牌。这是中间优势的另一个要素：侨民们在引入一种新的做事方式时，会比其他任何本地人所引发的不和谐因素要小。本地人一方面将他们视作自己的同胞，但同时由于侨民在国外的经历，也承认他们和自己不一样。

定居美国的埃及侨民、工程师尼尔米 · 里亚德（Nermien Riad）在推动埃及天主教援助发展的工作中，利用在当地的社会关系和文化认同感，来接触包括教皇塔瓦德罗斯二世在内的东正教教会领袖以及埃及的商业领袖。她不仅征得了教会领袖对于科普特孤儿（Coptic orphans）救助工作的支持，招募到了教会志愿者，同时也通过商业领袖的帮助为项目筹集到了资金。相比之下，迫于当地的文化和宗教规范，一位非侨民埃及妇女可能不敢争取这样的受众和支持。此外，即便里亚德拒绝了当地对她的一些要求，她也可以因美国和埃及的双重身份而得到谅解，从而维持与当地的良好关系，回避与自己无关的问题。

侨民独特的能力也根植于他们的社会关系之中。数十年来的社交网络分析表明，通过个人的力量可以连接起原本无关的两个社区。侨民常在不同的社会群体之间占有一席之地。社会学家罗纳德·伯特（Ronald Burt）认为，填补这些“结构性空隙”的个人“有机会调动人与人之间的信息流，掌握将空隙两端的人们联结在一起的项目”。研究社交网络的学者通常会对社会关系中的强关系和弱关系进行区分。强关系是有价值的，因为它们以高度信任为标志，并且可被用于制裁违规行为；而弱关系同样是有价值的，因为它们将彼此不同的各类人群联系在一起，让他们得以学习、收集信息并找到新的机会。

乔治·巴拉塔什维利（Georg Baratashvili）在瑞典居住期间结识了他的商业合作伙伴，两人后来在巴拉塔什维利的故乡格鲁吉亚首府第比利斯联合创立了一家铝回收企业。[3]在瑞典居住期间，巴拉塔什维利对当地的金属回收市场做了深入研究，并与朋友和同事建立了长期关系。他就此充当起了经纪人的角色，将在瑞典的商业伙伴、再生铝的供应商引入格鲁吉亚的网络，包括回收工厂的主要员工和本地废铝供应商。移民经历使得巴拉塔什维利通过与两个国家的朋友和同事的长期关系，建立起高度信任的纽带，抓住了少有人注意的商业机会。

需要注意的是，并非所有海外移民都具备充当跨国经纪人的特征、技能和网络。我们在此关注的是那些在其母国和居住国同时谋求发展，并保持强社会关系的移民及其后代。当将跨国经纪人视为企业、跨国公司和政府创新的潜在领导者时，我们通常指的是受过良好教育且相对富裕的侨民。

然而，即使出生于最底层的难民也有可能在居住国升入精英圈层，获取专业知识和宝贵的社会关系。例如，许多返回埃塞俄比亚的移民企业家正是在特尔格政权时期（1974—1987年）移居海外的难民。在第二次苏丹南北战争（1983—2005年）期间，成千上万来自南苏丹族群的男性被迫离开家园，其中少数人获得了学位并升任了政府、企业和非营利组织的领导职务。其中，盖·尼奥克（Gai Nyok）在伊利诺伊大学获得了经济学硕士学位，并成为一名美国外交官；比亚尔·阿特姆（Biar Atem）则成为拉斯维加斯的威尼斯人酒店的经理，并创办了非营利组织“美国南苏丹中心”。

发展中经济体

对外援助发展领域的研究表明，援发项目在由国家牵头，并由当地所有时会更加有效。但是，经济发展通常需要兼备国外的资金和专业技术支持，因此捐助者很容易成为项目的实质把控者。此时，来自发展中国家的侨民可以发挥得天独厚的中介作用：同时管理发展中国家政府和市民，以及外国捐助者和专家两头的关系。埃塞俄比亚商品交易所的成功是一个很好的例子。

埃塞俄比亚商品交易所于2008年4月正式开业，其成立的目标是降低非洲农业市场的相关风险，改善低效率和降低高交易成本。商品交易所连接买家和供应商，制定实施等级和标准以提高交易商品的质量和可靠性，并为相关各方提供必要的信息，从而更加有效地在价格上达成一致。

埃塞俄比亚商品交易所的成功创立得益于两方面的努力。一方面是埃塞俄比亚政府中寻求市场解决方案的政策支持者，另一方面则是埃塞俄比亚侨民埃莱尼·加布里-马丹（Eleni Zaude Gabre-Madhin）。马丹在华盛顿特区国际食品政策研究所（IFPRI）工作了十年，专注于相关领域的政策和研究工作。时任埃塞俄比亚总理首席经济顾问的加布（Newai Gebre）于2000年发现了她的著作，并邀请她对政府官员发表讲话。根据世界银行国家主任伊沙克·迪万（Ishac Diwan）的说法，马丹带来了“本地和全球知识的非常规组合，而对埃塞俄比亚的了解使她更有说服力”。加布代表总理要求国际食品政策研究所支持埃塞俄比亚的市场改革，特别是将马丹临时委派给埃塞俄比亚政府。

马丹在欧洲和美国居住期间学习到了如何检验市场运营的成效，发现制约因素并通过解决信息不对称来对其进行修正。她对埃塞俄比亚商业文化和国际惯例都很熟悉。这些知识使她能够判断各种机构替代方案的可行性。尽管存在许多基础设施方面的挑战，但她有信心可以借助国际，特别是来自侨民的专业知识和西方管理模式，来建立埃塞俄比亚商品交易所。

作为侨民，马丹的社会关系使她得以在埃塞俄比亚政府与外国捐助者之间牵线搭桥，并能够说服双方同意共同参与。在埃塞俄比亚商品交易所的规划阶段，她凭借与国际食品政策研究所的关系，获得了广泛的国际专业知识。在执行阶段，她能够招募国际顶尖专家，部分原因是她具有埃塞俄比亚人的侨民身份，对埃塞俄比亚的拳拳之心、对创办的热情和信心。

埃塞俄比亚商品交易所的其他侨民工作人员也怀着共同的愿景，相信交易所的成立可以为埃塞俄比亚做出贡献。支撑这一愿景的是他们从各自的经验出发，相信埃塞俄比亚的情况可能会由此变得有所不同，别的国家有的，埃塞俄比亚也同样可以拥有。但是，面对制度改革的挑战，大量的精力投入、经历挫折乃至在此过程中遭受到的敌意，仅凭专业精神是无法坚持下去的。正如马丹对总理所说，侨民在其母国实施项目时，“您获得的不仅仅是技能，还有一片拳拳之心”。埃塞俄比亚当地人对这些侨民表示由衷赞赏。商品交易所出口商、巴格什公司（S. A. Bagersh PLC）总经理阿卜杜拉·巴格什（Abdullah Bagersh）说：“他们可以从全新的角度看待事物，而不是仅有一成不变的想法和视角。拥有一个不受固有系统干扰的视角对于推动事情的发展是十分必要的。”

到2012年7月，马丹和侨民团队退出时，共有价值超过15亿美元的608000吨商品在埃塞俄比亚商品交易所成交，同时整个交易系统将240万农民联系在了一起。仅在2018年3月，就有总价值超过1.3亿美元的36302吨咖啡、29215吨芝麻、4175吨白豌豆和2467吨绿豆得以在埃塞俄比亚商品交易所成交。此外，由于对肯尼亚的大量出口，交易所为东部和南部非洲共同市场的贸易和一体化提供了支持。

和埃塞俄比亚商品交易所一样，侨民回到母国的政府部门工作，或者与政府合作，是一个广泛现象。在发展中国家，政府官员（特别是在金融等技术部门中）拥有海外学位并具有丰富的海外工作经验也很普遍。这些背景不但为他们提供了技术专长，而且还将他们接入到个人和职业的全球网络中。通过这些网络传播的思想不仅仅限于经济、健康或技术等领域，还包括政府的运作和治理。

推动行业和市场的现代化

作为领导者和创业者，侨民可以联合起来重塑整个行业和市场。20 世纪 90 年代，在硅谷接受培训的印度软件工程师回到班加罗尔和其他城市，掀起了印度的 IT 热潮。他们还通过政策倡导和迎合精英偏好的旁敲侧击，来重塑经济政策。与非侨民投资者不同，印度的侨民企业家根植于印度，因此具有更大的影响力。

埃塞俄比亚的案例值得我们再次回顾，因为它证明了侨民创立的新业务在不同领域的变革潜力。埃塞俄比亚侨民通过投资，向母国输出了新的产品、服务，以及新的商业实践（强调客户服务和需求驱动的业务发展），从而影响了整个行业。归国的侨民企业家为埃塞俄比亚经济的未来带来了希望。精确咨询国际的创始人赫诺克 · 阿塞法将他们称作“能影响未来的回归”。这些侨民企业家对于何谓“发展成功”有着第一手的了解。在考虑创新时，“当别人还在试图弄明白下一步该怎么做时，我们已经知道下一步该怎么做了”。

许多侨民发现，他们在国外所获得的知识技能在自己的母国才最具有含金量。正如安永会计师事务所合伙人萨门达内 · 纳嘉图（Zemedeneh Negatu）所说，“哈佛 MBA 在美国多如牛毛”。归国的侨民企业家优素福 · 雷亚（Yusuf Reja）是人力资源公司信息思维方案（Info Mind Solutions）的创始人，他用同样的观点来说服侨民回埃塞俄比亚工作：“我认为在这里，他们的影响力会更大。而在西方，他们在很大程度上被埋没了。”

侨民主导的创新有时只是简单地将创意从一个市场引入另一个市场，但更常见的创新是众多跨界创意融合的产物。例如，埃塞俄比亚出生的埃尔米亚斯 · 阿梅尔加（Ermyas Amelga）在获得波士顿大学的金融学位后，曾就职于华尔街，后来回到埃塞俄比亚，体验当地不尽如人意的银行业务的经历促使他创立了泽门银行（Zemen Bank）。埃塞俄比亚的银行存在诸多问题：客户服务质量差，没有支票账户，并要求所有贷款均以抵押为基础。“我并没有重新发明轮子。”阿梅尔加说，“我只是了解过银行应该是什么样的，这就是我们在埃塞俄比亚要做的事。”

泽门银行是埃塞俄比亚的骄傲，但其优势来自现代化的商业运作和西方理念的影响。为招募创始股东，泽门银行雇用并培训了由 40 名销售人员组成的佣金式工作团队，展开电话销售（埃塞俄比亚前所未有），并推出了一系列销售演示，每次都有 1000 多名潜在投资者参加。在信息技术方面，泽门银行则依仗自动取款机、短信银行业务、呼叫中心和自动电话菜单银行系统。[4] 泽门银行前营销副总裁、侨民埃尔米亚斯 · 埃舍图（Ermias Eshetu）告诉我们，他们打出“无眠银行”的广告标语，让客户可以一天 24 小时通过各种渠道获得服务。泽门银行还引入了基于绩效的贷款模式，使没有抵押品的借款人也可以获得融资。

在实现上述任何创新之前，泽门银行首先需要获得政府的认可，而这其中最重要的机构是埃塞俄比亚国家银行。该银行最终成为泽门银行的坚强后盾。埃舍图说：“他们知道，在金融领域取得进展的唯一有效方式就是打造更坚实的金融部门基础，并在未来某个时候将其开放。”

泽门银行在运营的第三季度实现赢利，第二年便利润翻番，其利润达到 1.21 亿比尔（合 1360 万美元以上）。除了自身的成功之外，泽门银行的商业模式还改变了埃塞俄比亚的银行业。其他银行跟随泽门银行的脚步延长了营业时间，减少了客户等待时间，并引入和拓展了自动化服务。

助力跨国企业

对于跨国公司而言，在海外尤其是在发展中国家开展业务，会面临许多挑战，其中包括文化差异、语言障碍，以及陌生的机构、法律和法规。甚至世界上最先进的公司都在这些障碍面前折戟：优步撤出东南亚市场、沃尔玛和福特撤出巴西市场，由此可见一斑。侨民可通过其独特的社会关系，将他们拥有和管理的公司与母国有价值的社交网络连接起来，提供应对挑战的解决方案。

社会关系对企业至关重要，在规范性制度薄弱的国家更是如此。在法制和官僚体系薄弱的地方，关系在商业和政治中就会起到更大的作用。在高尔夫球场上获批的政府许可可能最靠谱，你可倚赖的唯一供应商也许正是你经理的表亲。跨国公司经常求助于侨民，来帮助它们建立联系。例如，苹果公司在 2017 年需要一个新的领导者来开展中国区业务，于是提拔了葛越来负责此事。葛越 16 岁便从中国移民，自 2008 年起一直在加利福尼亚州库比蒂诺为苹果工作。

格雷厄姆在他的《对祖国的投资》一书中指出，对于由侨民拥有或管理的公司而言，社会关系是关键的战略性资产。[5] 与其他外国公司相比，这些公司拥有更多和更强的社会关系，这里面既包括与同行的关系，也包括与政府官员的关系。与其他外国公司相比，有侨民关联的公司也更有可能利用其社会关系来对政府政策产生影响，并采用法律程序之外的手段来解决与商业同行间的纠纷。社会关系这一战略行之有效：有侨民关联的公司成功影响投资所在国政府政策的可能性是其他外国公司的两倍以上。尽管格雷厄姆研究的几乎所有外国企业都聘用了当地管理者，但他们仍然无法像有侨民关联的竞争对手那样有效地利用社会关系。

发挥侨民的优势

我们对侨民的结论很乐观。作为制度企业家和创业者，他们在将全球知识与本土语境相结合，重塑政治与经济格局方面都发挥着关键性的作用。他们作为跨国公司的所有者和管理者，充当着跨国经纪人的角色，在不断增强公司实力的同时，在充满挑战的商业环境中披荆斩棘。企业界很早便已认识到社会关系在商业中的价值，在发展中国家更是如此。格雷厄姆的研究首次指出了一个事实：有侨民关系的公司比虽雇用了当地管理者，却没有侨民关系的公司享有更大的优势。侨民的中间优势很难被替代。侨民的力量和潜力表明，政府、企业和非营利组织在利用侨民的能力来谋取经济和社会福祉方面大有作为。

侨民作为跨国经纪人在体制改革、促进商业发展方面的潜力为捐赠圈和母国政府提供了机会。相关领域的试验已经在进行中，并取得了阶段性成果。国际侨民参与联盟（The International diaspora Engagement Alliance，简称为IdEA）是一个公私合作伙伴关系组织，旨在促进跨部门合作，推动侨民母国的社会和经济发展。该联盟成立于2011年，是由美国国务院的全球合作伙伴计划、美国国际开发署，以及实施相关侨民伙伴关系计划的卡尔弗特基金会（Calvert Foudnation）合作成立。除了助力侨民为其母国做出有意义的贡献之外，联盟还促进针对国家、地区和（或）产品的特定公私合作关系。例如，联盟与一项将钓鱼、水产养殖和海产品养殖者与潜在的投资者和顾问联系起来的商业竞赛——渔业2.0（Fish 2.0）进行了合作，在合作过程中特别寻找侨民投资者和顾问，因为这些人可能很适合在其居住国和母国倡导可持续海产品实践行动。

许多发展中国家正在努力增加侨民的经济参与度。我们认为，针对侨民的招商引资是有效的，因为侨民基于社交关系的能力是与他的母国合为一体的。菲律宾侨民如果改为在马来西亚或泰国进行投资，能给该公司带来的价值就没那么大了。因此，当菲律宾政府寻求从有侨民关联的公司中招商引资时，它就具备了相较于其他国家的天然优势。

我们的研究邀请跨国公司首先评估其基于侨民的竞争能力：它们目前雇用了哪些侨民，在多大程度上利用了这些侨民所具备的跨国经纪能力？接下来，公司可以制定战略来增强其基于侨民的能力，例如雇用和提拔侨民管理者便是可考虑的策略之一。最后，企业可以利用其当前基于侨民能力的相关知识来指导战略决策，特别是指导其对于新投资的地点选择。

关于有效利用侨民能力的好处已经广为人知。许多企业甚至通过被称为“移居管理”的过程“制造”侨民管理者，跨国公司将当地管理者调到总部所在国家担任相应职位。在总部所在国家工作了一段时间后，驻外管理者通常从本地管理者转变为侨民管理者，然后便回到本国工作。随着公司越来越多地利用侨民的能力，它不仅为公司创造了新的获利机会，而且加深了移民派遣国与移民接收国之间的经济依存关系。

当前，移民政策辩论的主战场是移民接收国。这些辩论将决定在未来几十年中可以充当跨国经纪人角色的侨民数量。近几十年来一直稳定增长的全球移民数量正在受到来自接收国限制的威胁。因此，当前在美国、欧盟各国，以及智利和博茨瓦纳等区域性目的地国家的辩论，不仅会影响相关国家的经济面貌，而且影响着全球经济一体化的深度和速度。今天更多移民的产生能在未来催生更多的潜在跨国经纪人。

反对移民的政治考量通常源于担心其给劳动力市场和移民接收国文化带来冲击。但是，我们的证据表明，如果这些顾虑得以有效解决，就可以带来巨大的全球福祉。这些福祉中有许多是通过增加侨民的工资和机会、汇款、投资以及向各自母国进行知识传播等形式而产生的。与此同时，当侨民帮助跨国公司成功地向其母国投资时，公司自身也将从中获益，在侨民的居住国中实现利润和就业的增长。

当海外政府寻求可以实现全球最佳实践本土化的技术专家和领导人，或是在艰难的当地环境下仍能够带领企业大步向前、蒸蒸日上的企业家和管理人员时，侨民往往会是首选。也许下一次非洲国家元首在美国与侨民会面时，可能会考虑问：“你们认识谁？你们知道什么？你们将如何提供帮助？”

注释

1 Gilbert Manda, “Brain Drain or Brain Gain?,” *New African*, vol. 435, December 2004.

2 Jennifer M. Brinkerhoff, *Institutional Reform and Diaspora Entrepreneurs: The In Between Advantage*, Oxford: Oxford University Press, 2016.

3 Baratashvili’s name and the country to which he migrated have been altered to preserve the firm’s anonymity.

4 Interview with Yemireu Chanyalew, *The Making of Zemen Bank*, produced by Zelemen Production, Addis Ababa, Ethiopia, 2008.

5 Benjamin A. T. Graham, *Investing in the Homeland: Migration, Social Ties, and Foreign Firms*, Ann Arbor, MI: University of Michigan Press, 2019.

詹妮弗 · 布林克霍夫（Jennifer M. Brinkerhoff）

乔治·华盛顿大学埃利奥特国际事务学院公共管理、国际商业和国际事务领域教授。她的研究重点是公私合营、治理、非政府组织、发展管理和海外侨民。

本杰明 · 格雷厄姆（Benjamin A. T. Graham）

南加州大学国际关系副教授，也是安全与政治经济实验室的联合创始人。

电影的力量[①]

——参与者影视传媒公司将电视制作与社会运动巧妙结合

作者：翠西 · E. 吉尔克里斯
（Tracy E. Gilchrist）

《罗马》（*Roma*）、《绿皮书》（*Green Book*）、《普通女人》（*A Fantastic Woman*）、《聚焦》（*Spotlight*），这些电影除了都是奥斯卡获奖作品之外，还有一个共同之处——它们都是由参与者影视传媒公司（Participant Media）制作的。这家公司已成立15年，它的使命是通过视觉叙事来聚焦社会议题，推动公正的社会变革。

硅谷企业家杰夫 · 斯科尔（Jeff Skoll）于 2004 年创立了参与者。迄今为止，该公司已经制作了 100 多部电影，斩获 18 项奥斯卡金像奖和 73 项提名。通过与非营利组织开展合作，让参与者唤起公众对社会紧迫问题的关注，触达具有社会意识的消费者，正是斯科尔的愿景。

墨西哥导演阿方索 · 卡隆（Alfonso Carón）执导的《罗马》，讲述了墨西哥城一个富裕家庭的住家女佣的故事。这部影片很好地体现了参与者对艺术价值和社会价值的双重追求，不仅获得了评论界的赞扬和奖项，同时也突出了家政工的困境。

参与者的首席影响官霍莉 · 戈登（Holly Gordon）表示："在美国，我们与蒲艾真（Ai-jen Poo）[②]和全美家政人员联盟（National Domestic Workers Alliance，简称NDWA）一道发起了一场倡导运动；在墨西哥，我们也与家政工援助和培训中心（CACEH）发起了另一场运动，为家政工倡导其权利。2019年春天，墨西哥通过了一项相关法案，这是墨西哥历史上第一次为保护全墨西哥250万家政人员立法。"

---

① 原文选自 *Stanford Social Innovation Review*, Fall 2019 Issue，原标题为 Movies That Matter。

② 蒲艾真（1974—），美籍华人，美国社会活动家，全美家政人员联盟总监。她还担任"跨代关怀"的共同总监。2012年美国《时代》杂志将她选入了最具影响力时代百大人物。

该影片于2018年11月首映。参与者和全美妇女事务委员会共同制定了宣传战略，包括点映和映后就家政工权益议题所展开的圆桌讨论。它们还合作组织了一场美国国会议员的招待会：家政工与加利福尼亚州民主党参议员卡马拉·哈里斯（Kamala Harris）和华盛顿州民主党众议员普拉米拉·贾亚帕（Pramila Jayapal）分享了他们的故事，探讨制定家政工权利法案的必要性。2019年7月，两位议员分别公布了其推进立法的行动计划。

全美妇女事务委员会性别公正运动主任莫妮卡·拉米雷斯（Mónica Ramírez）评价说："通过这部电影和所开展的相关社会运动，公众对家政工权益运动的认识有所扩大。"

拉米雷斯还表示，自《罗马》上映后，她看到州和联邦层面上关于家政工权利和保护的对话也发生了相应变化。除了拟议的联邦立法外，华盛顿特区正在努力将反歧视法律扩大到家政工上。费城也提出了一项家政工权利法案。"这些条例草案和本地条例的提出离不开十多年来家政工组织长期不懈的努力。而电影《罗马》让家政工被孤立、失去尊严甚至受到伤害的生活境况浮出水面，引发了一场史无前例的公开对话。"

参与者影视传媒公司的双重使命

来自加拿大的工程师杰夫 · 斯科尔作为 eBay 首任总裁，不仅成为硅谷巨星，还帮助发起了 eBay 基金会。斯科尔曾是这家拍卖网站的大股东。在 2001 年离开 eBay 之前，他积累了自己的财富，同时还组建了斯科尔基金会，该基金会一直致力于支持社会创业。随后，他又创立了参与者。

在 2007 年的 TED 演讲中，斯科尔回顾说，他创建这家公司的初衷是希望能投资那些致力于社会变革的社会组织和商业企业，制作出像《甘地传》《辛德勒的名单》这样激励人心的电影。

2005 年，参与者推出了第一批电影，包括叙事电影《决不让步》（*North Country, Syriana*）、《晚安，好运》（*Good Night, and Good Luck*）以及纪录片《轮椅上的竞技》（*Murderball*）。在推出电影的同时，参与者与美国公民自由联盟（ACLU）、公共广播公司和塞拉俱乐部等组织合作，开展相关主题的社会倡导运动。

参与者的早期角色主要是高质量影像内容的投资者，但很快就转向成为制作方。首席运营官加布里埃尔 · 布拉金（Gabriel Brakin）表示："在公司的早期，我们主要是作为融资方或共同融资方参与进来的；一直以来，参与者的使命是寻找能激发社会变革的内容，我们总是通过这个角度来寻找合适的剧本。"

在参与者工作的 11 年里，布拉金目睹了公司的"稳步发展"，从融资、与合作伙伴共同资助项目，到"从创造性的角度，领导我们目前参与的 80% 到 90% 的项目"。布拉金说："杰夫当初创立参与者的愿景正在成为一种全球共识，我们必须能切实为社会做出积极贡献。”

2017 年，参与者成功通过共益企业实验室（B-Lab）认证成为共益企业。这是一种对“平衡目的和利润”的企业的认定，这些企业将商业用作向善的力量。

参与者的首席执行官戴维·林德（David Linde）在谈及共益企业的重要性时表示：“社会影响力和企业社会责任已经成为我们的基因。让世界变得更美好是参与者成立的初衷，也是我们使命的核心。共益企业认证的过程不仅使我们有机会向同行学习，而且它加强并反映了我们的持续性承诺，即围绕当今最急迫的议题，激励、赋权并连接全球各地的观众。”

进军流媒体市场

参与者媒体目前每年通过其数字子公司心灵松饼（SoulPancake），制作多达 6 部的叙事故事片、5 部纪录片、3 部电视连续剧和 30 多个小时的数字短节目。

2017 年，霍莉 · 戈登加入参与者，并领导发起了以性别视角为主题的社会影响力运动，包括纪录片《女大法官金斯伯格》（*RBG*）以及以金斯伯格律师生涯为蓝本的电影《性别为本》（*On the Basis of Sex*）。

虽然参与者在挖掘与社会相关的内容方面已取得了成功，但戈登还是反复思索着如何通过讲故事来将影响力最大化。她加入参与者时，恰逢美国掀起了关于性骚扰和妇女平等的对话浪潮。在特朗普总统上任后，2017 年初春的华盛顿妇女大游行、MeToo 运动（美国反性骚扰运动）和 Time's Up 运动（美国的女权运动）为深挖金斯伯格的律师生涯，开展律师事务所中关于女性平等话题的讨论，并为其进一步扩大到其他企业的性别平等、机构文化的对话提供了极好的时机。

戈登在谈到那时的想法时表示："我们是否能够通过聚焦金斯伯格，让企业高层管理者进一步明确对性别平等和工作场所平等的承诺？他们可以在内部与员工就此进行讨论，同时在外部创造一个与社群分享的空间，例如如何通过法律援助工作提高女性的升职机会，或者讲讲他们对提升女性员工地位的承诺。"

参与者与共享出行公司来福车（Lyft）、美国银行、Salesforce①以及美国公民自由联盟等维权组织共同合作，为包括美国银行在内的律师事务所和公司举办了70多场纪录片点映，这鼓励了关于妇女在公司内的能见度和角色的透明讨论。

美国银行女性项目全球经理帕姆·西格尔（Pam Seagle）说道："我们讨论了领导层中的女性、银行的女性员工人数、董事会的构成以及相关项目的数量。有时这类讨论可下沉到我们所支持的基层妇女维权组织。参与者所做的和我们所做的事情有真正的联系。总的来说，它确实有助于支持我们在女性与影响力方面的战略。"

参与者还在全球范围促进性别权益。由参与者制作的2018年公映电影《普通女人》，讲述了一位智利跨性别女性如何面对伴侣突然离世后的哀恸，以及作为跨性别女性所遭受的孤立无援和暴力的故事。该片由跨性别女演员丹妮拉·维加（Daniela Vega）出演。这部电影的热映在智利引发了一场关于多元性别生存状况的社会运动，时任智利总统的

---

① 全球最大CRM软件服务提供商，成立于1999年。

米歇尔 · 巴切莱特（Michelle Bachelet）于总统府接见了影片的演职人员，主演维加也在那里发表了关于跨性别人群身份证标识的必要性的演讲。几个月后，智利就通过了关于身份证上性别标识的新法律。

在过去几年里，参与者进一步扩展到流媒体[①]市场，先后推出了电影《罗马》和首部自制连续剧，爱娃 · 德约烈（Ava DuVernay）导演的《有色眼镜》（*When They See Us*）。布拉金表示："我们一直在利用我们的品牌进军电视剧领域。今天的电视剧质量比过去提高了很多，预算也相应地大幅提高。随着直播流量进入赛道，电视剧领域的一些经济特征也发生着变化。我们一下子有了和电影制作同样或更高的预算来制作电视节目。"

参与者在电影和直播媒体平台上有一系列新的项目正在进行中，包括以美国大选选区划分为题材的《屠龙记》（*Slay the Dragon*）、涉及刑事司法改革的《正义的慈悲》（*Just Mercy*）、以美国饮用水中的有害化学物质为题材的《黑水》（*Dark Waters*）等。

从斯科尔最初的大屏幕愿景到今天的互联网流媒体时代，媒体版图已经发生了巨大的变化。但参与者与硅谷其他成功案例一样，展示了一种始终如一的适应能力。通过在各类被受众追捧的媒体上讲述引人入胜的故事，参与者继续致力于行动导向的倡导运动，以提高大众对社会问题的认识。

---

① 流媒体：采用流式传输的方式在网络播放的媒体格式。

点评

以触动人的故事促进行动

点评人：陈玲珍

参与者自2004年成立以来取得的成就，可说是令全球影视行业望尘莫及的，不单是其取得的成就的数量（上百部作品，73项奥斯卡提名，18座金像奖），更重要的是，其通过影片和围绕影片议题而推动的、为解决社会不公、不义现象而形成的影响力运动。该公司所创造的成果，诚然不负创办人杰夫·斯科尔为公司设定的使命：通过视觉叙事来聚焦社会议题，推动公正的社会变革。这样的例子颇多：近的例如阿方索·卡隆的力作《罗马》以家政工的孤立无援处境为题目，以导演的艺术修为和个人家庭经历为底气，通过奥斯卡的肯定和流媒体的传播，改变了墨西哥和美国关于家政工的立法；远的可以回顾诸如《不愿面对的真相》《食品公司》在全球各地所掀起的关于气候变化、环境议题、人类饮食的选择等极为重要的、有关可持续发展的各种讨论与举措。

杰夫自幼喜爱阅读，深受诸如《1984》《美丽新世界》等书籍的启发，然而出生于加拿大一个中产家庭的他，一直到20岁之后才有机会走出国门去世界各国旅行。在增长见闻、验证书本知识的同时，他对于诸如巴基斯坦那样的第三世界国家的情况，有了切身体会。他深信人类是一个相互关联的共同体，每个人都应该能够接受教育，取得清洁的水和空气，生活在和平繁荣、可持续发展的环境当中。我们可以说，他的梦想也是地球上每个人的梦想。

我们都知道这个世界并不完美，也总能看到部分人正在努力改善这个世界，或者至少有改善世界的愿望且向着付诸行动的路上行进。参与者所制作的影片，通过精心策划与执行视觉叙事“讲好故事”（a good story well told），使得观赏过影片的人们大为触动，从而对其中所呈现的社会议题，有了近似切肤之痛的感受。这样的触动，在影片后续推动公平公正的社会活动中形成动力，促进了社会对话，问题得到更多回应与讨论，最后促成群体的同心协力，使得变革行动产生成效。我个人深深被其使命所感动，也深切理解电影这个行业并不容易，不想参与者在创始第一年推出的四部影片即取得11项奥斯卡提名，必须对其脱帽致敬。杰夫曾成功参与电子商务创业并取得股权财富，这些财富成为他创立电影公司的本钱，这自然也非人人都能有的机运。不过他能撩起衣袖，涉入原本并不熟悉的领域，亲力亲为向华纳兄弟电影公司取经，理解制作好电影并非易事，所以投注资金形成合作与合力，是其制作的影片成功的关键。

至于我们中国电影和影视行业的情况，我的看法是心有余而力不足者颇众。从投资和经营端来说，既要有好题目、好故事、好主创，还要有商业潜力、艺术成就，这些已经够难的了，如果再要求有积极正面的社会影响力，那就更不容易了。不过，商业和社会影响力并非站在对立面，相反，行业中如果能够发展出通力合作的机制，商业不再以股东权益为唯一目的，能够平衡地加入其社会影响力或企业社会责任指标，那么就可能带来巨大的变革。我所在的CNEX（华人新世代）以非营利为出发点，在过去十多年间完成了一些纪录片，尝试提出部分与我们国家发展至关重要的议题，设法形成一些影响力。

现代西方资本主义社会的反思，可以说是从社会企业的观念开始略有苗头，这也是过去20年来的倡导。近年来，随着ESG（environment, social and governance，环保、社会效益和治理）融入投资评估指标、共益企业的创造与倡导，这些新近的世界企业发展趋势可望在众人的努力下，逐渐茁壮成长。非常期待在中国的影视行业能有更多的同行者。

陈玲珍

CNEX 共同创办人及执行长。

农业种植

节水型水稻种植[1]

地点：非洲、东南亚国家

难题：

世界上大部分水稻采取浇灌栽培，这虽然能促进作物生长并减少杂草，却消耗了全球25%～30%的淡水资源。地处热带高原或山地地区的水稻栽培，每公顷平均产量仅为1吨左右，农户经济收益难以为继。

解决方案：

韩国一家名为Green and Seed的农业技术公司开发了一项名为水稻种膜栽培的技术。该企业CEO成宥利表示，水稻种植并非要全部浸入，在半浸入的状态也可良好栽培。通过机器将水稻种子按照小孔附着在不透明可降解的塑料膜上，薄膜可阻止杂草生长，可让农民采用传统方式进行灌溉；或在雨季依靠降水，在旱季可使用滴灌技术。

成果：

Green and Seed目前已和众多组织合作，并在中国、韩国、喀麦隆和乍得开展了实验田地，未来还会在刚果开展包括农业信贷服务在内的种植实验。

未来挑战：

水稻种膜需要预先购买，平均每公顷需要200美元。虽然试验田的数据显示每英亩（约合0.4公顷）水稻产量能提升至6吨，但设备开销对经济困难的农户来说仍是很大挑战。加利福尼亚大学水稻专家布鲁斯 · 林奎斯表示，很多农户并无富余存款投资设备，比如覆盖膜、滴灌系统等。

经济发展

家政工的在线福利平台②

地点：美国，旧金山

难题：

不能带薪休假、没有保险等家政工福利问题一直难有完备的解决方案。根据经济政策研究所（EPI）的数据，美国家政工每小时的工资为 11 美元，绝大多数无法获得雇主提供的健康保险。从事家政服务和老年看护的服务人员 90% 是女性，而且主要是移民，这让家政工福利问题更难解决了。

解决方案：

全美家政人员联盟（NDWA）下属机构公平护理实验室发布了第一个创新性产品——Alia，其设计理念在于与家政工深度共情，让“无力者”在权利不平衡的就业结构中被看见。它是一个在线福利平台，每次服务雇主向平台支付 5 美元作为保障金，就可通过累积缴款购买相应福利，包括残疾保险、重大疾病保险、意外保险、人寿保险，甚至带薪休假等，支付方式可以选择无须身份信息的 Visa 预付借记卡。平台也为家政工提供多语言引导服务，消除其沟通壁垒。

成果：

该在线平台于 2018 年 12 月正式上线，并获得开放社会基金会和 Google.org 的研发资金支持。

未来挑战：

Alia 希望打造一个超越工具本身且可以撬动行业文化转变的全方位解决方案，这一愿景任重道远。

环境可持续

新型水溶塑料袋③

地点：美国

难题：

绝大多数传统塑料制品，如一次性塑料袋、瓶子和吸管等含有石油衍生物，通常需要几个世纪才能降解。海洋填埋不仅污染了野生动物的栖息地，也影响了成千上万的海洋物种。

解决方案：

智利公司 Solubag 研发了一种可以溶于水的塑料袋。该产品采用 PVA 聚乙烯醇生物降解溶剂，这种膜衣材料可溶于水，广泛应用于药物和食品工业。Solubag 研发团队确保其防雨水，溶解温度设定在 50 ~ 60 摄氏度。目前公司开发了两种类型的水溶塑料袋：一种可替代传统超市中的塑料袋，溶于冷水；另一种可在更广泛的购物场合使用，溶于热水。

成果：

相较于传统塑料制品，Solubag 塑料袋仅需 5 分钟即可溶解在水中，且价格低廉。奇点大学（Singularity University）智利分部的负责人芭芭拉 · 斯尔维亚表示，目前市面上没有类似可降解级别的包装材料，Solubag 正在改变智利的塑料产业。该公司的产品还未正式进入市场，目前正在中国、印度和智利等地进行测试，2019 年下半年会在智利、欧洲和美国等地开始销售。该公司还计划研发水溶型塑料瓶和吸管。

未来挑战：

虽然 Solubag 的创始人并非要试图代替所有塑料产品，但一些秉承拒绝一次性塑料使用的环境主义者对此持有怀疑态度。2018 年，智利通过立法已成为南美洲首个禁止零售业使用一次性塑料袋的国家。加拿大利用其 G7 首脑峰会主席的位子，希望推进零塑料污染章程。另外，美国加州目前也通过了一条法律，禁止非自助类的餐厅使用塑料吸管。

① 原文选自 *Stanford Social Innovation Review*, Fall 2019 Issue，原标题为 Upland Rice。
② 原文选自 *Stanford Social Innovation Review*, Spring 2019 Issue，原标题为 Housing with Benefits。
③ 原文选自 *Stanford Social Innovation Review*, Spring 2019 Issue，原标题为 A New Plastic Alternative。

慈善组织的天价薪酬合理吗？[①]

作者：迪恩 · 贝克
（Dean Beck）

慈善组织获得减免税资格是因为其以服务公共利益为使命，拿着天价薪酬的美国慈善机构高管们不应该享受纳税人的补贴。

美国联邦“贫困家庭临时援助计划”（Temporary Assistance for Needy Families，简称 TANF）的对象家庭平均每月要耗费纳税人 400 美元，“美国营养不良援助计划”（Supplemental Nutrition Assistance Program，简称 SNAP）下的每一名食品券受益人平均每月要消耗纳税人 126 美元。

相比之下，盖茨基金会的 CEO 苏珊 · 赫尔曼（Susan Desmond-Hellmann）每月要耗费纳税人 44200 美元。这个数字可能会让一些读者感到惊讶，因为他们可能并不认为自己会为慈善组织员工的薪水贡献分毫。但事实的确如此。这个问题不容小觑。

支付给盖茨基金会 CEO 的薪酬为什么会花掉纳税人的钱？这是因为比尔 · 盖茨对其基金会或任何其他慈善机构的捐赠，可以享受大笔税收减免。如果盖茨需要纳税的税率处于 40% 的最高档位[②]，那么盖茨向自己的基金会每捐出 1 美元，政府实际上要承担

---

① 原文选自 *Stanford Social Innovation Review*, Spring 2019 Issue，原标题为 End Bloated Salaries in the Nonprofit Sector。

② 在特朗普总统 2017 年《减税和就业法案》正式实施之前，几乎可以确定盖茨适用 40% 的最高税率。

40 美分的成本。

许多人认为，出于慈善捐助或其他公益目的的税收抵免与政府的直接财政支出有质的不同，但这真是无稽之谈。对于那些从抵免中受益颇多的高收入人群来说，这种想法可能对他们比较有利。

从联邦预算的角度来看，政府每年向一个美国人支付 1 万美元的住房补贴，或者允许他从应纳税收入中抵扣 1 万美元作为抵押贷款利息扣除，这两者之间并没有什么区别。美国制定了符合政府财政收入需要的税法。如果允许纳税人通过扣除项来减少他们的纳税义务，那么赤字就会增加，就如同政府增加了同样金额的支出。

在考虑慈善捐款税收抵免的目的时，我们应该牢记这一事实。实际上，我们总是宣称某些类型的活动是为公共利益服务的。如果人们选择通过捐助宗教组织、教育机构或盖茨基金会这样的慈善组织来支持这些活动，我们会允许他们少缴税，以此来补贴他们的捐款。

对于联邦政府而言，这是一项合理的政策。它为民间组织提供补贴，而这些组织以不同方式解决各种社会问题。政府的补贴有助于催生创新的解决方案，而新的解决方案最终可能会在更大的范围内被应用。

不过，政府同时也对那些有资格享受税收减免的组织设置了一定条件。例如，它们不能是营利性组织。政府至少明确规定，支付给营利性公司的款项不得享受税收抵免。慈善组织还必须为公众利益，而不是私益服务。我们不能让慈善机构向某个人家里的清洁工人支付酬劳，非营利组织也不能介入任何党派的政治议程。

在讨论用纳税人的钱支持盖茨基金会 CEO 的薪酬问题时，我们需要记住上面的重要背景前提。大多数人都认为，收入不平等加剧是美国经济的主要问题之一。盖茨基金会 CEO 赫尔曼的年薪为 133 万美元，不仅远高于美国收入最高的 1% 人群的收入门槛，也远高于收入最高的 0.1% 人群的收入门槛。

尽管有许多因素导致了不平等的加剧，但有一部分原因就是CEO和其他高管的薪酬过高。这个问题在企业界更加严重：如今企业CEO的平均年薪接近2000万美元。尽管如此，非营利部门的高管薪酬如果超过百万美元大关，甚至包括如洛克菲勒基金会这样以消除不平等为目标的基金会也会成为不平等问题的一部分。

为薪酬设置上限

懂算术的人都知道，CEO 和其他高管的薪酬越高，支付给下级员工的薪水就越少。这意味着付给中层及清洁工、食堂员工等下层员工的工资会减少。而对于慈善组织而言，这意味着相关慈善事业的受益人所能获得的援助资金减少了。

政府一方面可以推行一些政策来降低企业界 CEO 的薪酬（我倾向于让股东有更大权力来控制薪酬），另一方面可以直接采取措施压低慈善部门 CEO 的薪酬。具体而言，政府可以设置薪酬上限，以作为在税收层面上保持免税资格的条件。我个人倾向的上限是 40 万美元，即美国总统的年薪。

需要说明的是，这一限制并不是要剥夺盖茨基金会或其他私人慈善机构自由设置薪酬的权利。它们想付多少就付多少。但如果它们选择支付给 CEO 的薪酬高于美国总统的薪酬，就不能凭借免税地位获得纳税人的补贴。

毕竟，提供免税地位的理由是为了促进公共利益。向高管支付过高的薪酬，从而扩大收入差异，这并不符合公共利益。

对此，大型基金会无疑会反驳称，如果必须将 CEO 的年薪上限定为 40 万美元，那它们就难以招到优秀的人才。

让我们来仔细琢磨一下这个观点。40 万美元年薪也足以跻身美国收入最高的 1% 人群。难道慈善机构真的想告诉我们，就没有一个有能力的人愿意在收入上做一定牺牲，接受一份年薪远远超过其他 99% 的工薪阶层人员的工作吗？这份年薪可是相当于美国工资中位数的 30 倍，最低工资年收入的 90 倍以上呀！如果以这样的薪酬为慈善组织工作是一个巨大的牺牲，那么这种组织也许不应该得到纳税人的支持。

我在华盛顿特区工作了 25 年，见过许多拥有顶尖大学学位的高素质人才。他们通常每周工作 60 ～ 70 小时，但其薪水还不到上述年薪的一半，有些甚至不到上述年薪的四分之一。难道盖茨基金会想说，人们对公共服务的重视程度如此之低，以至于没有合格人选愿意担任年薪 40 万美元的公共服务领袖吗?

为了了解薪酬上限的影响，让我们以哈佛大学为例。其前校长德鲁·浮士德（Drew G. Faust）在2016年（她担任该职位的最后一年）的年薪超过150万美元。如果她的年薪上限为40万美元，学校就可以节省110万美元。

除了校长之外，哈佛大学其他许多高层职位的年薪也都在 50 万美元以上，包括教务长、学院院长、副校长和其他高管。假设有 30 人担任此类职位，平均年薪为 60 万美元，那么潜在的节省额将达到 600 万美元。

加上校长年薪的节省，每年将节省 700 多万美元。这笔钱足以让哈佛文书和技术工会（Harvard Union of Clerical and Technical Workers）的 5000 名成员的平均年收入增加 1400 美元以上。那将是一笔非常不错的假期奖金。

如果采用这种薪酬上限政策，难免会有一些组织试图采取规避措施。有一种规避方法是将服务外包，这对管理捐赠基金等服务来说也许可行，但哈佛大学如果将“校长服务”也外包就显得有点尴尬了。这种上限可能比税法中的许多条款更具强制性。

非营利组织的 CEO 和其他高管可能会合理地辩称，与企业界的高管相比，他们的薪酬过低。说得没错。由于公司治理体系的严重变形，基本上允许 CEO 们侵占股东利益，导致企业 CEO 们的薪酬变得异常高昂。事实上，相对于企业 CEO 们的超高薪，企业普通员工的薪酬都偏低，因此慈善部门的高管们不是唯一的“受害者”。

停止联邦资金的不当使用

如果我们真的下决心要改变不平等现象就必须认识到，一劳永逸地扭转长达 40 年的薪酬趋势是不可能的。如果不平等政策的受益者（例如慈善组织的高管们）可以通过对标其他获得更高薪酬的群体（企业 CEO）来保护自己的地位，那么我们将永远无法取得任何进展。

事实上，联邦政府为慈善组织高管的天价高薪提供了巨额补贴。联邦资金根本不应该这样使用，这不符合慈善组织为公共利益服务的理念。我们可以尝试制定政府政策，以扭转导致不平等的市场结果，但我们首先应终结助长不平等的政府政策。

迪恩·贝克（Dean Beck）

经济与政策研究中心（Center for Economic and Policy Research）的共同创办人，高级经济学家。他还是《操纵：全球化和现代经济规则如何让富人更富》（*Rigged: How Globalization and the Rules of the Modern Economy Were Structured to Make the Rich Richer*）一书的作者。

对边缘化的社区进行重大专项资助[1]

作者：戴维 · 布雷（David Bley）
武礼（Vu Le）

盖茨基金会斥巨资支持西雅图一家为有色人种社区组织培养和输送专业人才的初创机构，效果明显。

在过去几年里，“重大专项资助”（Big Bets）的概念备受基金会和慈善家们的关注。这些大额投资可能有风险，但正如赌博一样，风险越大，回报越高。

受到更多关注的还有公平和平等的问题，大部分资金仍然流向了白人主导的组织，根据 Race Forward 和 Greenlining Institute 的报告，只有大约 10% 的慈善资金流向由有色人种社区领导并为其服务的组织，而且在过去 20 年里一直是这样。这类组织通常都是规模较小的草根组织，它们所获得的赠款往往更受限制，而且时间也更短，只有一两年。

在努力解决种族、公平、多样性和包容等问题时，我们必须承认，慈善资助的传统做法本身存在的不平等问题进一步加剧了我们要纠正的不公正现象。但是，如果目标投资是有意义的、公平的、基于可信任的伙伴关系的，那么较大的赠款有可能在解决边缘化社区面临的许多挑战中发挥关键作用。

---

① 原文选自 *Stanford Social Innovation Review*, Spring 2019 Issue，原标题为 Equitable Big Bets for Marginalized Communities。

一个有希望的合作伙伴关系

2014 年，盖茨基金会决定投资一个初创组织——位于西雅图的雷尼尔河谷合作组织（Rainier Valley Corps，RVC），该组织由有色人种领导并服务于有色人种社区，同时为有色人种领袖的培养输送人才。该组织的成立是为了解决非营利组织中只有 18% 的专业人士和不到 10% 的组织领导人是有色人种的事实。RVC 寻求建立一个领导力通道，招募有色人种领导人，为其提供培训和指导，并安排他们在雷尼尔河谷地区的基层有色人种社区领导的组织中全职工作两年。

RVC 向盖茨基金会申请了共 110 万美元的资助，项目期为 4 年。这对于一个成立才几个月、没有业绩、由财政资助的组织来说，是一个大胆的要求。在 RVC 的概念化过程中，盖茨基金会迫切感到需要寻求不同的方式来解决种族障碍和结构性、系统性的不平等问题。盖茨基金会将消除种族、性别和收入所引起的不平等教育成果差异作为目标，为此需要在最薄弱的社区提高领导力和组织能力。RVC 正好符合这个要求。

RVC 在有色人种社区中拥有人才和口碑。虽然推动和维持变革靠的是组织，但有才能的领导者才是使组织有效的原因。慈善事业往往把改变系统作为主要目标，但系统是由人设计的，领导层的人有能力改变系统。而来自盖茨基金会的长期资助，有可能在领导力和权力的公平分配方面带来巨大的变化。最起码，盖茨基金会可以通过这一资助项目了解更多有色人种社区不同的组织和社会方式。

创新对双方来说都是有风险的，但对受资助者来说，风险更大：资助者要冒着财务上的风险，但接受资助的组织领导人和工作人员却要冒着个人生计、新生组织的生存能力

以及社区的未来等方面的风险。对我们双方来说，潜在的好处大于风险。

这一冒险得到了回报。盖茨基金会的支持触发了西雅图市和金郡联合之路（United Way of King County）以及个人捐助者的支持。这一领导力计划启动时，共有10名优秀人才参加。他们中有的开展校外教育项目，有的领导反对劳工和环境不公抗议活动。许多人通过这一计划帮助主办机构显著提高了财务管理、筹款和沟通能力，并同时提升了项目和服务质量。两年后，随着一些成员的退出和一些新成员的加入，6名成员（总共12人）被聘为主办机构的全职工作人员。

该项目一些最重要的成果是我们没有预料到的。例如，通过每月的培训、联合项目和偶尔的卡拉OK，学员们作为纽带，积极地影响了东道主组织之间的关系。我们还探索了更多的渠道，例如安排学院加入环保组织和绿色企业，从此来增加环保运动的多样性。社区作为一个整体变得更加强大。

通过这个项目，我们认识到有色人种社区组织的能力建设不同于传统的能力建设，必须考虑到社区文化背景和历史创伤等因素。更重要的是，为了解决系统性的不公正，非营利组织必须实现集合影响力，而不是单打独斗。

有了这些成功的经验，RVC 向盖茨基金会提出了另一项建议，要求增加投资，以便 RVC 能够试行社区联盟模式。在这种模式下，RVC 将作为一个支持机构，为合作的非营利组织提供财务赞助、后台支持、董事会发展、筹款和战略规划等方面的辅导，从而整合业务专长，使非营利组织能够专注于项目工作。这是一个很大的想法，而 RVC 以前从未做过。

盖茨基金会的项目官员们担心 RVC 会放弃其领导力发展的使命，但这个想法是由 RVC 从这个项目和使命中所学到的东西引发的，包括领导力、运营支持、能力建设、非营利组织之间的合作——这些要素是相互关联的。同样，RVC 和基金会都认为，潜在的收益大于风险。

盖茨基金会在现有的培训项目投资的基础上，在三年内将对 RVC 的投资增加到 150 万美元。有了这笔资金，RVC 得以雇用员工和建设基础设施，以启动其运营支持计划，这是社区联盟模式的一个组成部分。目前，RVC 赞助了 10 个由有色人种社区领导和服务的组织，并有更多的组织加入，而培训计划则继续成为有色人种领袖的培养通道。

当然，所有的新举措都带来了挑战和改革的领域。有几位学员因为不合适而被撤职。

课程需要根据反馈意见不断调整。由于合作伙伴关系意味着信任，RVC 可以透明地应对这些挑战，基金会的项目官员不仅理解，而且在提供指导和建议方面也很有帮助。

RVC 和盖茨基金会之间的合作是一个持续的案例研究，说明当慈善机构决定通过对受不公正影响最严重的社区所领导的组织进行公平投资时，会发生什么。以下是我们对准备抓住这个机会的基金会和非营利组织的六项建议。

提供长期的高额投资

大额的、不受限制的投资使 RVC 能够专注于核心目标，同时不断改进其实践。之前没有这种财务自由，许多由边缘化社区领导和服务于边缘化社区的组织多年来都是靠着小额、一次性的投资艰难地生存。

培养信任关系

我们和资助方之间的彼此信任是项目获得成果的原因。盖茨基金会对作为资助方的角色有清楚的认识，所以它并没有指手画脚。相反，项目官员作为合作伙伴，按照 RVC 的时间表和指定地点进行合作。

持续不断地沟通

不要拖延向资方的报告时间，要在出现问题时随时沟通。这么做让双方可以一起学习、调整和解决问题。

在时间轴和项目节点上要灵活处理

随着项目的进行，我们放弃了许多先入为主的想法。实验的精神让我们的合作关系能够快速响应社区中不断变化的需求。

承担风险，接受失败

“大赌注”就意味着有可能出现大的失败，或者说是“学习的机会”。我们所做的工作是复杂的，只有接受有些事情会失败，我们才能取得进步。这是一个实时学习的实验室，有些事情是我们都不熟悉的。

抓紧时间总结经验教训

要不断地公开反思哪些事情做得好，同样重要的是，也要反思哪些事情做得不好。这样一来，整个非营利部门都能从中受益。

当我们在动荡的社会和政治环境中面临着前所未有的挑战时，基金会和非营利组织的合作方式也必须有所变化。如果我们想有效地解决系统性的社会问题，就必须与那些遭受不公正的社区建立公平的伙伴关系。

戴维·布雷（David Bley）
盖茨基金会太平洋西北地区倡议主任，主要负责美国华盛顿州的工作。
武礼（Vu Le）
雷尼尔河谷合作组织（Rainier Valley Corps，RVC）的执行董事，也是 NonprofitAF.com 的作者。

克服系统性失灵的思考：建立合作文化是关键[①]

作者：盖伊 · 阿夫鲁茨基（Guy Avrutzky）
拉尼 · 杜达伊（Rani Dudai）

以色列政府于 2015 年通过了一项五年计划，斥巨资改善阿拉伯人城镇的公共服务质量。这一计划的顺利实施首先需要改善公共与民间部门的系统性失灵问题。

2015 年 12 月 30 日，以色列政府通过了第 922 号决议，启动了一项在全国各地阿拉伯人城镇投资 150 亿新谢克尔（约 40 亿美元）的五年计划。该决议旨在解决以色列犹太人和阿拉伯人之间巨大的社会经济差距。

但这项工作事实上需要解决公共服务提供方面的系统性问题，包括如何界定和衡量预期的社会影响、如何实施数字化进程和思维方式，以及如何建立跨部门的伙伴关系。这样的问题在社会服务领域中反复出现，不分内容领域和专业领域，并且涉及多个组织的不同视角和语言。

特别是在资源利用方面，我们非常清楚，即使有了明确的资金调拨计划，各市镇也经常难以获得和使用这些资金。我们还了解到，中央和地方政府之间缺乏信任，这往往是由于对对方的需求、挑战、工作和语言不熟悉造成的。在以色列，犹太人和阿拉伯人

① 原文选自 *Stanford Social Innovation Review*, Fall 2019 Issue，原标题为 Strategies for Overcoming Systemic Social Failtures。

之间的文化紧张关系也是一个挑战。

我们与政府各部委协商后发现，这不仅是阿拉伯城镇的问题，也是所有缺乏资源城市的问题。因此，我们制订了一个专门针对地方政府资源利用问题的新方案。

然而，从更广泛的角度来看，这一举措所代表的意义远不止是资源利用问题。事实上，这只是一个例子，说明在任何需要多个系统之间合作的情况下，无论是国家或地方政府、民间组织还是私营部门，系统性问题都会使政策目标难以实现。

JDC ELKA 领导力和治理研究所是美国犹太人联合分配委员会以色列分会的一个单位，该组织成立于 1914 年，向世界各地的犹太人和非犹太人提供福利援助。自 20 世纪 90 年代初以来，JDC ELKA 与以色列数千名高级官员密切合作，包括政府各部委、市政府、民间组织和跨部门倡议的负责人。

在对多年来的努力进行反思之后，我们发现，我们致力于解决的系统性失灵问题是由两个因素驱动的。

组织结构和机制 政府部门和民间组织在大多数情况下都是为了专注于一个或多个特定的主题领域，而不是为了在多个领域开展复杂的活动而设立的。这些复杂的问题往往带来了跨越专业和监管领域的挑战。

此外，提供公共服务的标准机制，如政府合同、资金分配、人员等方面的规定也不利于灵活有效的合作；相反，这些机制往往阻碍了涉及多个部门、多个组织的努力。在第 922 号决议中，通过多个政府部门向地方政府输送资金的机制本身就是问题的一部分，这些官僚体制的建立是为了保护公共财政，而不是限制较小、较弱的城市获得政府资金。

领导者和管理者的心态 提供公共服务的领导人和管理人员习惯于在有明确界限的特定环境中运作，不愿意以新的和具有挑战性的方式与来自不同环境的人和组织合作。他们还可能将权限和行动范围限定在其直接的组织环境中，而不是作为一个更大和更复杂的系统的一部分。因此，有必要促进系统思维，而不是根植于单个组织的背景下的思维。

就第 922 号决议而言，每个政府部委的高级管理人员往往认为他们的职责仅限于监督政府向阿拉伯市镇的地方项目拨款。这意味着根据固有的做法来评估所提交的申请。很少有管理人员考虑现有的程序是否适合目标人群（阿拉伯市镇），或负责确保尽可能多的资金申请得到提交和批准，以确保产生最大的影响。

建立合作文化

毋庸赘言，应对复杂的社会挑战需要跨部门合作。怎么做？我们发现，以相辅相成的方式采取以下三种策略，可以帮助克服系统性失灵问题。

建立新的组织和监管结构 鼓励在公共和非营利部门建立新的组织结构和网络，可以提高灵活性、促进合作，同时不会损害，甚至可以加强对公共资金和公共利益的体制保护。例如，在我们的倡议中，设立资源统筹经理这一职位就需要修订内政部的条例，并从国家政府层面获得三年的特别资金。

引导组织变革 各组织需要得到支持和指导，以转变其运作方式，从而更好地与其他组织和部门合作。确定明确的目标和激励措施，并由所有利益相关者商定，是这一过程的重要组成部分。

我们的第 922 号决议包括两项平行的组织变革努力：一项是帮助各部委确定并减少阻碍阿拉伯市镇获得资源的官僚机制；另一项是与阿拉伯市镇领导人密切协商，帮助重新设计其内部规划和发展进程，以提高其吸引资金的能力。第二项改革对于解决文化差距至关重要，并使中央政府能够在与当地社区代表直接对话的基础上进行改革。

改变领导者的心态 为公共和非营利部门的高级领导人提供培训至关重要，这样他们就能把自己看成更大格局的一部分，并能与不同部门一起努力克服特定环境下的挑战。

改变现有的结构和规范从来不是一件容易的事。为此，第 922 号决议提供了大规模的专业发展投资，以鼓励不同组织和部门的工作人员把自己看作同一个事业的一部分。这项工作包括对新设的资源统筹经理一职进行深入的岗位培训和持续的专业支持。

以这种公开的方式应对系统性失灵问题，其影响远远超出有关的特定社会问题。在第922号决议下的资金用尽之后，新的法规、机制、知识和思维方式的建立不仅可以支持中央政府和阿拉伯市镇之间更好的合作，也同样能促进与所有地方政府机构达成更好的合作。

我们的三重战略，建立新的组织和监管结构、引导组织变革、改变领导者的心态，适用于所有领域的跨部门合作，并使公共服务变得更加高效。我们很乐意听取世界各地从事类似工作的其他组织的意见，并分享我们的经验。

盖伊 · 阿夫鲁茨基（Guy Avrutzky）

哈佛大学肯尼迪政府学院中级公共管理硕士项目韦克斯纳－以色列研究员，曾在 JDC ELKA 领导力和治理研究所担任战略规划、衡量和评估经理。

拉尼 · 杜达伊（Rani Dudai）

JDC ELKA 领导力和治理研究所主任。

研究人员如何有效地与政府打交道？①

作者：高达姆·帕特尔
（Gautam Patel）

2009 年，我担任印度古吉拉特邦首席部长纳伦德拉·莫迪（现任印度总理）的社会发展顾问。我的办公室被来自国内外机构的政策建议淹没了。有些想法很有创意，也很容易执行，比如在灌溉渠上盖上太阳能电池板大棚。其他一些更复杂的提案会在不同部门之间传递，积累了询问和意见后再返回我案头的文件堆里。

尽管我接受过长期的训练，但仍然难以判断哪些方案会生根发芽、成为试点，并实现规模化。科学、逻辑和政治意识形态似乎都不是决定性因素。经过与资深公务员的多次交流，我意识到，政策理念需要在后勤和地方执行的角度具有说服力。政策制定者确实希望创新，但也需要对操作可行性的保证。

今天，我作为南亚 Abudul Latif Jameel 扶贫行动实验室（J-PAL）的一员，与印度政府合作，将科学的影响评估依据纳入政策制定的决策之中。我的大部分时间都花在了帮助女户主家庭摆脱极端贫困的项目上。长达 24 个月的一系列支持措施的重点在于建立信心和为微型创业做准备。根据社会经济种姓普查（SECC），印度有 690 万户以妇女为户主的贫困家庭，J-PAL 南亚的重点是在印度推广这一被称为“毕业模式”的脱贫手法。

在这项工作中，我作为一名研究人员，需要向持怀疑态度的政府工作人员介绍以研究为基础的创新政策变革。我们已经与印度三个邦政府合作，实施了这一脱贫模式。这段经历让我知道，政策研究机构的工作并不局限于提出证据。我知道在我的政策工具箱里还应该装上什么东西：为近距离对话提供信息的笔记、有关当地情况的深度情报、

---

① 原文选自 *Stanford Social Innovation Review*, Fall 2019 Issue，原标题为 How Researchers Should Partner with Governments。

详细的项目操作蓝图以及如何与当地公务员建立良好关系的计划。让我依次解释一下这四项。

四项合作原则

1. 丢掉 PPT，学会对话。 说服高层决策者不是一门科学，但以一种能够真正交流知识的方式进行对话是门艺术。在我们团队完成了比哈尔邦的一个为期三年的试点项目，并由相关的政府官员对成果进行审核后，我们以为这个项目一定能获得推广。但四个月后，我还是每隔几天就给负责官员的私人助理打电话约见。终于有一天，我惊讶地听到："他明天下午4点半会和你见面。”我通宵达旦地打磨幻灯片，包括关于比哈尔邦的贫困地理的描述性数据。我收集了项目的证据和评估简报，用彩色贴标出政策学习和成本效益的部分，并注明要点，一切就绪。

但介绍完后，官员举起手说，他不需要随机对照实验的解释。其实他早就想好了，大笔资金最好用于实施，让最贫困的人得到实惠，而不是用于昂贵的研究。我深吸了一口气，合上了笔记本。我请他以部门负责人的身份告诉我，他的工作重点是什么、最担心的是什么。紧张的气氛顿时消散了。他叫来了他的助理，要求在接下来的30分钟内不要打扰我们的交流。

我听着这位有20多年工作经验的公务员讲述了他在国家实施了多项社会福利计划后，仍然看到赤贫现象持续存在的经历。他讲述了他在实地考察“政府的成功经验”时，发现村里的妇女生活在乡村边缘，没有任何收入，也没有能力参加相关项目。他说，如果J-PAL能解决这种情况，他会支持我们的工作。我再次重申了我们有效扶贫的承诺，但要求进一步了解具体情况和政府对特困户的现有支持。他拿起电话，安排我第二天和他的团队见面，我们的合作关系由此发展起来。

2. 重视当地的实际情况。 在另一次互动中，一位高层公务员说，除非我们在当地投入时间去了解当地的实际情况，否则他不准备合作，然后再应用我们的知识去解决相关问题。他以前与全球组织签署的协议，每年只进行一次实地访问和审查会议。我承诺每月都要到州里的执行现场进行考察。后来，我们在该州首府巴特那的办公室里成立了一个全职团队，开始与政府工作人员联合进行实地考察，了解项目和政府现有的基层运作结构。

我们了解到，政府往往需要技术支持来实施一个新项目。当时，比哈尔邦有50多万户女户主家庭被归类为赤贫家庭。我们与州农村计生团合作，为2000户家庭实施了“脱贫计划”。我们与政府两年来的紧密合作，在2018年发展成为正式协议，支持扩大“脱贫”办法的规模，在未来三年内使10万户家庭摆脱极端贫困。如果不是公务员当初坚持让我们更好地了解当地的情况，如果不是我们决定接受挑战，扩大规模可能就不会发生。

3. 根据现场反馈，绘制出操作蓝图。 我们在实施项目前进行了多次实地考察，了解当地的情况。然而在项目启动几个月后，我们开始担心项目的进度。我们听取了妇女自助团体、当地工作人员和项目实施伙伴对项目的理解和执行中存在的各种差距。在一整天的实地观察后的一次会议上，我们要求实地小组逐一告诉我们，为什么这个项目没有进展。他们报告说，由于没有操作蓝图，他们无法分配角色或跟进以确保任务的完成。他们需要我们与他们合作，为每一个团队成员指定工作，并为谁应该做什么、何时做什么，制定指导方针。

为了让证据转化为政策，研究团队和实地团队需要共同努力，将研究结果转化为具体的实施计划。为此我们需要依靠政府中层管理人员的力量，他们多年来一直监督着从州府到县及县以下，再到村级团队的长长的政府层级链条，在广泛的地域范围内实施项目，规模巨大。制定操作蓝图成为J-PAL的常规做法，指导着关于方案设计、数据监测、差距和弱点的讨论。

4. 与第一线的政府工作人员建立个人关系。 在印度，政府部门往往通过堆积如山的书面文件来层层下达指令。即便如此，与我们合作的政府实地工作人员在新项目的设计、测试和推广方面还是表现出了极大的奉献精神。

我发现，与他们建立牢固的关系至关重要。要做到这一点，需要克服作为局外人的看法。为了弥合分歧，我发现寻找引发个人联系的方法是很有帮助的。通过一点点的背景调查可以了解他们的个人兴趣、以往的业绩以及他们在当地所遇到的困难。此外，约好在闲暇的时间见面——也许是早上，或者是下午的最后一个小时——鼓励大家在没有办公室压力和干扰的情况下进行坦诚的交流。问一问他们最近看的书、参加的会议或实地考察是否给他们留下了深刻的印象。

学会倾听

政策研究者需要准备好倾听和合作，而不是只把自己当作知识的拥有者。仅仅依靠研究结果以及希望通过逻辑和证据来推动政策决策是徒劳的。为了影响政策，我们必须准备好进行细致入微的对话，将对方的迫切需求和对制约因素的理解、相关证据、实地观察以及对政府系统和结构的理解结合起来。通过这种方法，研究人员和政府可以更成功地合作，制定有效的政策理念，以产生更大的影响。

高达姆·帕特尔（Gautam Patel）

Abudul Latif Jameel扶贫行动实验室南亚公司高级政策经理，该公司位于印度金奈的金融管理与研究所（IFMR）。

影响力报告对公益组织员工的异化影响①

论文名称：《影响力的影响：影响力报告对于公益执行组织员工身份和动机的影响》

"The Impact of 'Impact': The effect of social impact reporting on staff identity and motivation at social sector delivery organizations," *Working paper,* 2019.

论文作者：伦敦经济学院会计学讲师朱莉亚 · 莫雷（Julia Morley）

论文概要：当非营利工作者突然使用商业、财务、会计和企业人力资源等领域的语言体系去量化和报告工作的影响力时，他们或会产生与自己身份和日常工作的疏离感。论文中提到了一个新的概念"描述性价值失调"（description-value dissonance），即当社会领域工作者面对这种影响力报告时，会感到与自己的价值观和组织所宣称的价值观相去甚远的目标偏离感。作者朱莉亚表示，影响力报告往往是相当抽象的、使用统计法的，这与非营利组织提供的感性的、感同身受的、叙述性的表述有很大差别。除去语言系统不同以外，影响力投资者认同的某些短期量化指标也无法体现非营利工作的长期价值。

---

① 原文选自 *Stanford Social Innovation Review*, Fall 2019 Issue，原标题为 The Alienation of Impact Reporting。

美国城市发展计划与社区组织的变迁[1]

论文名称：《社区构建：美国波士顿市的城市治理、社区发展与社区不平等》"Constructing Community: Urban Governance, Community Development, and Neighborhood Inequality in Boston," *working paper*, 2019.

论文作者：密歇根大学组织研究和社会学助理教授杰里米 · 莱文（Jeremy Levine）

论文概要：社区组织（Community-based Organization，CBO）在 20 世纪 60 年代得到美国政府的大量资金支持。1980 年至 2000 年期间，社区组织如雨后春笋般涌现。随着政府资金的减少，社区组织逐渐在城市振兴工作中占据了中心位置。随着基金会和其他私人出资人在过去的 20 年间加大了资金投入，社区组织变得更加专业化，但这同时也意味着更难反馈基层社区成员的利益诉求，逐渐背离"以社区成员为本"的初衷。随着专业化竞争和市场资本的介入，社区居民很难再推动并影响在地项目。莱文表示，社区组织既增强了民主，也破坏了民主。社区非营利组织可以为城市贫民提供更多的政治话语权，在新的激励机制和安排下，确实可避免以前对贫困社区的投资不足和组织非机构化的情况，但它们不一定代表所有居民的利益，并可能会引入"新的意想不到的不平等机制"，成为城市更新的"破坏性时代"的一小步。

---

① 原文选自 *Stanford Social Innovation Review*, Fall 2019 Issue，原标题为 Urban Renewal?。

通过为弱势群体服务来加深共情[1]

论文名称：《优势者是何时看到了劣势者？国民服务的准实验研究》“When Do the Advantaged See the Disadvantages of Others? A Quasi-Experimental Study of National Service,” *American Political Science Review*, vol. 112, 2018, pp. 721-741.

论文作者：美国加州大学伯克利分校政治学助理教授莫娴珍（Cecilia Hyunjung Mo，音译）和哥伦比亚大学教育学院高级研究科学家凯瑟琳·M. 康恩（Katharine M. Conn）

论文概要：通过对“为美国而教”（Teach For America，TFA）这个案例的研究，作者分析了这种通过个人接触、服务项目和干预措施，从而培养志愿者对弱势群体的理解与共情的项目的效果，即是否有助于新教师从弱势学生的角度出发，更好地理解弱势群体的处境。研究人员对 32000 名该项目的申请者进行了调查，了解他们对系统性不公正、阶级与教育不平等的关系以及种族不公正的态度。数据表明，参加类似的项目能提高个人对弱势群体的同情心。参与过 TFA 的伙伴们更有可能认识到弱势群体面临着真正的制度性不公正，也更倾向于将贫困归因于系统性问题，而不是弱势群体个人的努力不足。

---

① 原文选自 *Stanford Social Innovation Review*, Spring 2019 Issue，原标题为 Empathy Through Service。

社会责任投资：财务回报与社会属性是否冲突？①

论文名称：《社会责任投资基金的崛起：金融逻辑的矛盾作用》"The Rise of Socially Responsible Investment Funds: The Paradoxical Role of the Financial Logic," *Administrative Science Quarterly*, 2018.

论文作者：香港城市大学管理学教授严世鹏（Shipeng Yan）、巴塞罗那 IESE 商学院法布里奇奥 · 费拉罗（Fabrizio Ferraro）和胡安 · 阿尔曼多斯（Juan Almandoz）

论文概要：研究人员考察了 19 个国家和地区在 1970 年至 2014 年期间发起的社会责任基金。他们发现那些经济高度金融化的最富裕国家并没有走在前列，因为它们可能面临着来自社会中以金融为主导的逻辑的强大反作用力。当金融逻辑主导一个国家的经济时，成立的社会责任基金的数量首先扩大，然后以反 U 形模式收缩。这在一定程度上是由于如工会、宗教组织和绿色政党等具有亲社会目的组织的原则与具有金融目的的组织的原则之间的竞争。矛盾的是，金融化不仅提供了创造社会责任投资的手段，而且也有可能是其毁灭的根源。一个国家越是向金融化迈进，亲社会的"另类逻辑"就越会消退。

---

① 原文选自 *Stanford Social Innovation Review*, Spring 2019 Issue，原标题为 The Paradox of Socially Responsible Investing。

往后都是下坡路[①]

书评作者：特雷莎 · 吉拉尔杜奇
（Teresa Ghilarducci）

《往后都是下坡路：不平等时代下的退休危机》

作　　者：凯瑟琳 · 纽曼
（Katherine S.Newman）
页　　数：336 页
出 版 社：大都会图书
出版时间：2019 年

① 原文选自 *Stanford Social Innovation Review*, Spring 2019 Issue，原标题为 Social Insecurity。

凯瑟琳·纽曼是一位杰出的社会学家和人类学家，现任波士顿马萨诸塞大学代理校长。这本《往后都是下坡路：不平等时代下的退休危机》，没有采用主流学术的研究方式去分析，而是以大量的定性数据，包括对工人、学者和政策制定者的访谈，讲述了美国退休保障制度的衰落。

纽曼的发现与目前的专家意见形成了对比。例如，2017 年诺贝尔经济学奖得主、美国经济学家理查德·塞勒（Richard Thaler）将养老金体系的失败归咎于人们的短视。美国人没有足够的退休储蓄是因为他们容易冲动，“缺乏自控力”，“有钱就花，而不是把钱存起来未雨绸缪”。

以塞勒为代表的主流经济学家的视角忽略了美国社会契约所经历的剧烈变化。今天，美国的养老金体系是商业化的个人操作，它要求人们能自觉地从每一份薪水中存款，进行专业投资，找到收费最低的代理来充实养老金账户。在过去 40 年中，美国任何类型的退休计划仅覆盖了约一半的劳动力。即使是收入最高的 10% 的劳动者，养老金的覆盖率也从 1983 年的 85% 下降到 2017 年的 75%。1983 年，接近退休年龄（55 ～ 64 岁）的绝大多数工人（81%）都有某种养老金；但 2017 年，拥有退休保障的中产阶层工人的比例下降到 71%，底层工人的保障比例更低，从 1983 年的 54% 下降到 2017 年的 49%。

纽曼在书中用退休老人的故事来支持她的观点和发现，即过去 40 年来养老金被系统性地削减，7500 万二战后婴儿潮一代即将退休，其中数百万人无法获得经济保障承诺。例如，一位 69 岁的退休卡车司机在 2015 年被告知，他和妻子的余生养老金将被削减 45%。而这对夫妇目前的退休状况并不是财务知识不足或无端放纵行为的结果。从中产阶层的舒适到老年失去保障的不安全感，这种向下流动的经历并不局限于工会蓝领工人，白领甚至经济衰退地区的公务员也不能幸免。

纽曼的书还关注了在没有足够养老金的情况下，退休人员会采取哪些行动。他们选择了继续工作，并扩充了被称为“灰色劳动力”的人口队伍。她采访了在零售和服务部门工作的 70 岁老人。大多数 65 岁以上的工人无法找到理想的工作岗位。

工会工人、白领工人和公共部门工人养老金的损失，加上缺乏延迟退休的解决方案，给年轻工人的未来蒙上了一道长长的阴影。越战后 X 一代（出生于 20 世纪 60 年代中期至 70 年代末的一代人）中的大多数人今天已经 40 多岁了，他们的收入比二战后婴儿潮一代 40 多岁时少得多。他们的经济保障正在走下坡路。

纽曼对美国200年的历史进行了引人入胜的调查，并以生活在路易斯安那州一个贫困小镇上的老人的经历作为全书的高潮，揭示了美国贫困老人的奋斗历程。奥佩卢萨斯（Opelousas）靠近州府城市巴吞鲁日（Baton Rouge），人口中有75%是非洲裔美国人。1992年，州长将路易斯安那州的经济复苏建立在博彩业和旅游业的基础上，而不是那些自愿提供养老金的行业。纽曼描述了奥佩卢萨斯的老年居民是如何靠每月不到1000美元的社会保障福利生活的，这预示着老年贫困的未来。

与华盛顿促进公平中心（the Washington Center for Equitable Growth）家庭经济保障高级主任伊丽莎白 · 雅各布斯（Elisabeth Jacobs）共同撰写的第 7 章，阐明了自助和慈善的力量和局限性。例如，犹他州奥格登的摩门教教会建立了强大的社区，并制定了互助守则，使长老们的生活变得轻松。但是，摩门教的国家模式，其深厚的宗教纽带要求成员自愿拿出相当大的收入份额和时间来帮助社区中的其他人，这并不是解决美国退休危机的现实答案。

本书最后一章展望了潜在的解决方案：通过提高收入上限或增加工资税来增加社会保障收入。

纽曼善于将个人故事与法律和政策分析相结合，这与行为经济学家的道德说教相抗衡，后者将老年人财务不安全感的上升归咎于人类的脆弱。归根结底，即将到来的退休保障危机是有缺陷的制度造成的，而不是有缺陷的个人造成的。

特雷莎·吉拉尔杜奇（Teresa Ghilarducci）

社会研究新学院伯纳德·L.和艾琳·施瓦茨经济学教授。